AF314262

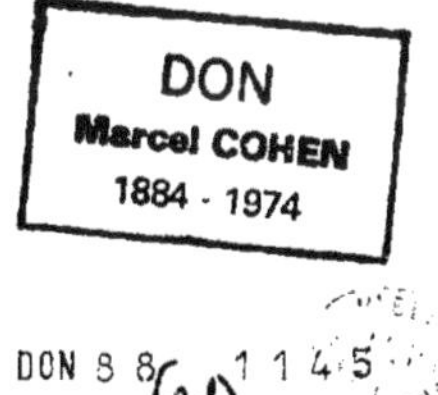

妙覺門

弘法大師
題額

Miyō kakou mon.

Fac simile de l'écriture de *Kō bō daï si.*

NIKKŌ

PASSÉ ET PRÉSENT

GUIDE HISTORIQUE

PAR

Joseph Dautremer

1er Secrétaire-Interprète à la Légation de la
République Française au Japon.

———❖———

IMPRIMERIE DE LA
"TOKYO TSUKIJI TYPE FOUNDRY"

TOKIO, 1894.

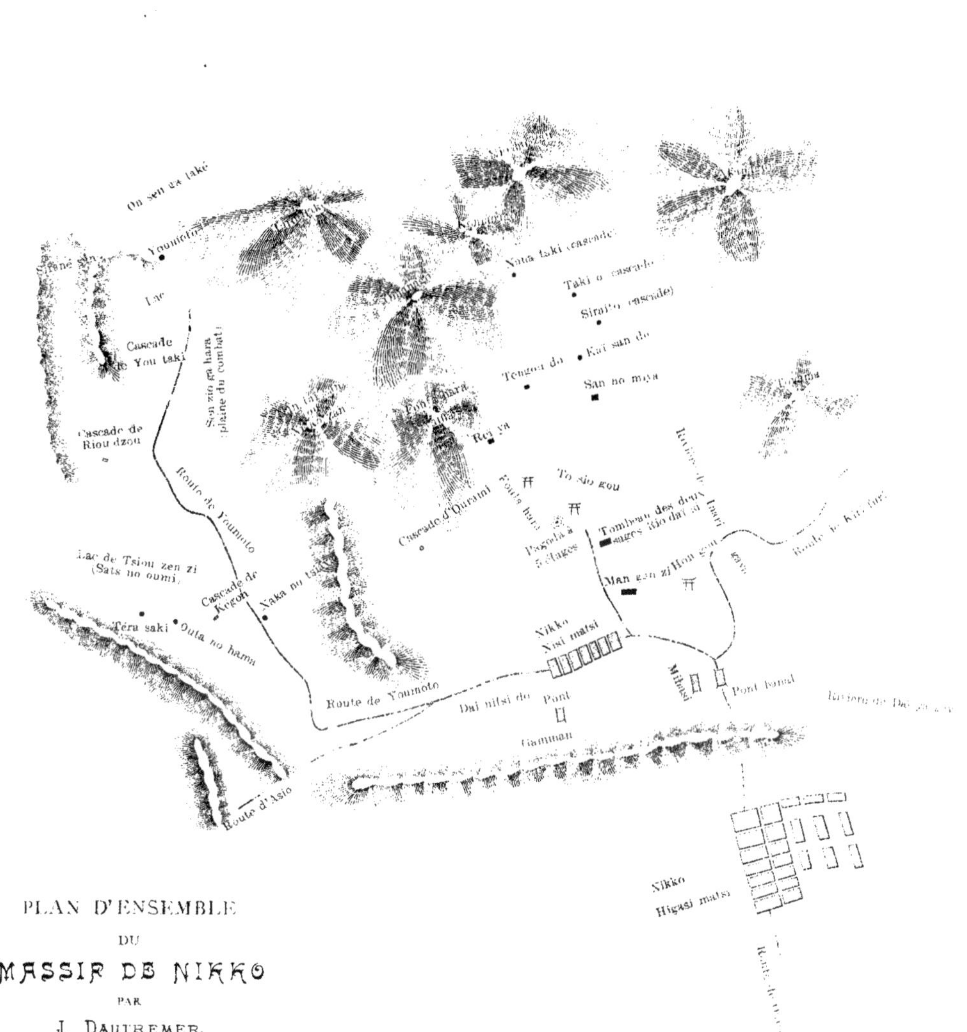

PLAN D'ENSEMBLE

DU

MASSIF DE NIKKO

PAR

J. DAUTREMER.

D'APRÈS UNE CARTE JAPONAISE.

EXTRAIT

DU

Nikkō san si, Histoire des montagnes de *Nikkō* publiée
à *Yédo* le 10e mois de la 7e année de *Tem pō*
(novembre 1837).

ET DU

Kō san siō gaï, Résumé des beautés de *Nikkō*, publié à
Tōkiō la 20e année de *Meï zi* (1887).

N.B.—Consulter le carte des provinces de *Kōdzouké* et de *Simodzouké*.
Se munir des plans de *Nikkō* que l'on trouve, au reste, sur
les lieux, écrits en caractères européens.

RÉDUCTION

EN

MESURES FRANÇAISES DES MESURES JAPONAISES EMPLOYÉES DANS LE TEXTE.

1 *ri*   égale 3.850 et quelques mètres.
1 *tsiō*   „   109. mètres.
1 *ziō*   „   3,03^e m.
1 *ken*   „   1,81^e m.
1 *siakou*   „   0,33^e m.
1 *soun*   „   0,03^e m.

QUELQUES EXPRESSIONS UTILES À CONNAÎTRE.

Yama, san, zan	=	montagne
Také, daké	=	sommet, pointe
Miné	=	plateau
Saki	=	cap. pointe
Tōgué	=	col. passe
Kava ou *gava*	=	rivière
Nouma	=	marais
Hara	=	plaine
Sima, Zima	=	île
Sia, miya	=	temple sintoïste
Dō, in, téra, déra	=	„ Bouddhiste
Taki	=	cascade.

NIKKŌ. I. GÉNÉRALITÉS.

Les montagnes de *Nikkō*, appelées aussi *Fouta hara yama,
Kouro kami yama* ou bien *Nan taï san*, sont les plus hautes
montagnes de la province de *Simodzouké*. Elles sont situées au
nord ouest du district de *Kami Tsouga gōri*; au nord est, le
Niō hō zan continue la chaîne, et, sur le versant oriental, qui
est presque à pic, se trouvent les sept cascades (*nana taki*) qui
forment la source de l'*Inari gava*. Entre ces deux points se
trouvent les deux plateaux de *Omanago* et *Komanago*. Au nord
de *Omanago*, se dresse isolé le *Tarō daké*, et à l'est du *Niō hō zan*
se prolonge la chaîne de l'*Akanagui*. En s'éloignant de cette
chaîne, on aperçoit sur la rive nord de l'*Inari gava*, la colline
appelée *Toyama*. Bien qu'elle ne soit pas très-élevée, elle est
originale, seule et isolée au milieu du massif. A l'est de cette
dernière se trouve le *Ogoura yama*, au nord est duquel est située
la fameuse cascade de *Kiri fouri*. Le *Konosou yama* s'élève au
sud du *Daï ya gava*, et à l'ouest de cette rivière ou aperçoit le
plateau élevé de *Nakimousi*. Vers le milieu de la chaîne se
développent en ligne droite les plateaux du *Tsouki mi, Matsou
taté, Nino miya*, etc.

Un temple est à mi côte du *Fouta hara yama*, et, à quelque trois
lieues du pied de cette montagne se trouve l'ancien temple de
Tsiou zen zi. Le lac aujourd'hui se nomme la mer du bonheur
(*satsou no oumi*): il est fort célébre; c'est, d'ailleurs, le plus grand
lac des environs de *Nikkō*. De la rive sud, on a une vue
remarquable; et les environs de *Outa no hama* et *Téra no saki*
ajoutent encore aux beautés du site. A l'est, l'eau tombe à
pic, en formant la cascade de *Kégon* et le torrent qui en découle
est le *Daï ya gava*.

Au nord ouest du *Fouta hara yama* s'élève le *You ga také*, au
pied du duquel, à l'est, se trouvent des sources thermales, qu'on
nomme sources de *Tsiou zen zi*.

Tout ce que nous venons d'énumérer forme le massif intérieur
de *Nikkō*. A l'extérieur, un des endroits les plus importants
est le village d'*Imaïtsi*; car c'est de là que *Nikkō* tire son riz et

tout ce qu'il lui faut en fait de provisions. Au nord ouest se trouve le petit hameau de *Okora gawa;* près de là s'étend *Kousakiou moura*, autrefois *Kobou ga hara*. A l'ouest on voit le village d'*Asio*, d'où part la route qui mène dans la province de *Kōdzouké*. Près de là se trouvent les mines de cuivre d'*Asio* qui occupent un grand nombre de bras. Au nord d'*Asio* s'élève le *Kō sin zan*, formé de pierres originales de toutes sortes et vraiment curieuses. Au nord est, se trouvent les deux pics du *Sirané* dont l'un est appelé *Maye sirané* (antérieur) et l'autre *Okou sirané* (postérieur). Ils forment la frontière de *Kōdzouké*, au *Kon sei tōgué*, col qui sépare les deux provinces de *Kōdzouké* et de *Simodzouké*. Au nord est de ce col s'élève le *Kinou nouma yama*, sur le plateau duquel se trouvent de nombreux lacs et étangs dont l'eau est belle et transparente. C'est l'un des endroits incomparables du Japon. Au pied de cette dernière montagne est placé le village de *Kouri yama*, très-fourni en arbres de toutes espéces. Ce village est construit dans les plis du terrain, les maisons se trouvent enfouies çà et là dans un creux; il n'y a pas en effet un pied de terrain complètement plan.

C'est là, dans ces montagnes, que se trouvent des temples remarquables tant bouddhistes que sintoïstes; des sites admirables, des splendeurs de toute nature, et c'est ce que nous nous proposons d'expliquer de notre mieux afin d'être utile à tous ceux qu'intéresse l'histoire du Japon aussi bien qu'aux touristes venant admirer la magnificence des temps passés.

Le premier qui vint s'établir dans les montagnes de *Nikkō* fut le prêtre *Siō dō siō nin*, le 3? mois de la 2? année de l'ère de *Tem peï zingo* (765–66 ap. J.C.) sous le règne du 49? empeur *Siō tokou tennō*. Il y a donc environ 1160 ans). Il construisit là un temple qu'il appela *Si hon riou zi*. Ensuite, la 3? année de *Daï dō* (809 ap. J.C.) le *Daï mio* de *Simodzouké*, *Tatsibana no Tosito*, par ordre de l'Empereur, changea le nom du temple en celui de *Hon riou zi* et le rebâtit plus grandement. La même année, *Siō dō siō nin* éleva *San zia gon guen* et *Zin gou zi*.

San zia gon guen, c'est-à-dire le temple des trois divinités. Ces divinités sont :

Oana moutsi no mikoto. Tagokoro himé no mikoto. Azi hiki taka hikoné no mikoto.

La 1ère année de *Kō nin* (810), l'Empereur ordonna de construire un autre temple, que le prêtre *Kiō bin*, disciple de *Siō dō siō nin* consacra. On l'appela *Man gan zi*, et il devint une dépendance de *Hon riou zi*. La 8e année de la même ère (818), *Kiō bin* reçut la direction de ce temple et devint ainsi le premier grand prêtre. A dater de ce moment, pendant trente quatre règnes successifs, ce fut l'Empereur qui nomma les grands prêtres du temple.

La 11e année (821) *Kou kaï o siō* (*Kō bō daï si*) étant venu dans ces montagnes, fit bâtir le temple de *Taki no ó gon guen* et sollicita également l'autorisation impériale pour construire *Ziou kou ko* et *Kio taki gon guen*. C'est à cette époque que de *Fouta hara*, (*Ni kō* 二荒) le nom de la montagne fut changé en celui de *Nikkō* (日光).

La 1ère année de *Ka siō* (848), *En nen o siō* (*Zi kakou daï si*) se rendit à *Nikkō* sur l'ordre de l'Empereur et forma avec le 4e grand prêtre, *Siō zen kosi*, le projet de construire trois pagodes comme à *Hiyé zan* (*Kiōto*), au nord, au sud et au centre. Peu de temps après il fut également élevé trente six petits temples, dont l'ensemble fut appelé *Itsi ziō zisso in*, c-à-d. l'endroit où l'enseignement de la doctrine protège l'Empire.

Dix huit de ces temples avaient été construits par *Zen ko zi* et ses disciples; et dix huit par *O siō* et les fidéles. Afin d'éviter les hérésies, l'Empereur les avait fait réunir sous une seule et même **direction.**

La 3e année (850) *Zen kō zi* transporta les Trois temples de *San sia gon guen* derrière ceux de *Ziō guiō* et *Hoké*—L'endroit où se trouvaient bâtis les trois temples prit le nom de *Hon gou* (Temple primitif) et l'endroit où on les avait transportés s'appela *Sin gou* (Temple nouveau).

Vers le milieu de l'ère de *Boun zi* (1187) *Minamoto no Yoritomo* fit présent au Temple de quelques terrains; avec ce qui avait été offert auparavant par les Empereurs *Kouan mou*, *Heï ziō*, *Nin meï*, ou atteignait un chiffre de soixante six villages. Puis, plus tard, l'Empereur *Go to ba* et *Minamoto no Sanétomo* ainsi qu'un simple particulier nommé *Oulsouno miya*, ayant offert cinq villages, le nombre se trouva ainsi porté à 71, rapportant ensemble plus de 180.000 *kokous*.

La 1re année de *Min zi* (1240), sous le 22e grand prêtre *Ben kakou*, il fut construit un nouveau temple qui, par ordre de l'Empereur s'appela *Ko meï in*.

> Note:—*Riou zen*, le 18e grand prêtre, était allé à *Kioto* pour recevoir l'investiture. Pendant son absence, le bonze *Zen oun* prit en main les affaires du temple, et, au retour de son chef, il ne voulut pas se dessaisir de l'autorité. Alors un parent du grand prêtre, nommé *Okata masa-iyé* réunit des troupes et livra bataille à *Zen oun* qui, soutenu lui-même par un allié, résista longtemps ; les temples furent réduits en cendres au cours des hostilités ; le nom seul resta et fut donné à *Sen zion dō*, petit temple insignifiant. *Benkakou* pensa, dans la suite, à bâtir un autre temple et en demanda l'autorisation à l'Empereur qui consentit à la construction de *Kō meï in*.
>
> Ce dernier temple étant tombé de vétusté, il n'en reste maintenant que *Gon guen dō* et *Inari sia*.

La 27e année de *O yeï* (1421), après la destitution du 34e grand prêtre *Zi guen*, la dignité fut supprimée et, à dater de ce moment, les prêtres de *Za zen yen*, de génération, en génération gérèrent les affaires du temple avec le titre de *Gon bettō*.

La 18e année de *Ten siō* (1588), *Taï kō sama* enleva aux temples tous les terrains qu'ils possédaient et leur alloua 600 kokous, avec le village d'*Asio*. C'est là ce qu'on appelle la 1re révolution de *Nikkō* ; les temples ayant été transportés de droite et de gauche, à la fin de l'ère de *Keï tsiō*, il n'en restait plus que 9. (1614 de J.C.). Or au temps de *Ten siō* il y avait 36 grands temples et 300 petits.

La 18e année de *Keï tsiō* (1614) le bonze *Ten kaï* fut choisi par les prêtres du temple et devint le 48e grand prêtre. Il est appelé le deuxième ancêtre, par ce que la dignité a été rétablie en sa personne.

La 3e année de *Guen oua* (1619), les cendres de *Tō siō gou* (*Iyéyasu*) furent transférées de *Kou nō zan* (*Sourouga*) à *Nikkō* et la 4e année le temple de *Sin gou gon guen* fut construit.

— Pendant environ cet ans, il y avait eu au Japon, des guerres, et pas mal de temples avaient été détruits. Mais, des que *Tō siō gou* fut transporté à *Nikkō*, tout ce qui avait été brûlé fut réédifié ; les vieux temples furent reconstruits et on les décora d'une manière encore plus brillante qu'auparavant.

La 7e année de *Guen oua* (1623) le grand prêtre *Kaï* fit rebâtir sur l'emplacement de *Kō meï in*, et y éleva plusieurs chapelles.

La 13ᵉ année de *Kan yeï* (1637), le temple fut détruit et on mit à la place la chapelle provisoire de *Tō siō gou*; ce fut *Za zen yen*, qui servit de temple principal. Cette année là même, les Hollandais envoyèrent deux lanternes à *Tō siō gou*.

La 20ᵉ année de *Kan yeï* (1644), les coréens et les habitants de *Riou kiou* envoyèrent en présent à *Tō siō gou* une lanterne tournante et un chandelier en fleur de lotus. Cette même année le bonze *Ten kaï* fit construire sur le côté la colonne appelée *Sō rin tō*.

> Note :—Cette colonne a été déplacée plusieurs fois ; elle se trouve aujourd'hui à gauche du temple de *Man gan zi*, ou mieux à droite de l'allée qui conduit à *Tō siō daï gon guen.*

La 1ᵉʳᵉ année de *Siō hō* (1644) le bonze *Kō kaï* de *Kou yen ziou yen* fut appelé à la direction de *Man gan zi*. L'année d'avant, *Ten kaï* était mort. Le nouveau grand prêtre reçut le nom de *Bi siu mon dō mon séki* et fut le 49ᵉ. La 4ᵉ année, 4ᵉ mois, un envoyé impérial vint à *Nikkō* et apporta une offrande en argent ; de là date l'habitude de donner, à époque fixe, une certaine somme d'argent au temple.

La 4ᵉ année 4ᵉ mois de *Keï an* (1650), *Tokougava no Iyémitsou*, 3ᵉ *Siōgoun*, vint à mourir. D'après ses dernières volontés, il fut transporté à *Nikkō* et reçut le titre posthume de *Daï you yen.* (aujourd'hui communément appelé *Keï ya*).

A dater de cette époque les *Siōgouns* donnèrent des terrains aux *Miyas* ou aux *Téras*, de sorte que, peu à peu, les prêtres étaient arrivés à avoir un revenu de plus de 24.400 *Kokous*. Aussi jusqu'à la fin des ères de *Kiō hō* (1716–1736) et *Guen boun* (1736–1740), on disait qu'il n'y avait pas d'endroit comparable à *Nikkō* pour la magnificence. Quand, à l'époque de *Kiō hō*, le *Siōgoun* venait à *Nikkō*, il avait toujours une suite de 130.000 hommes.

La 3ᵉ année de *Siō hō* (1654) le deuxième fils de l'Empereur *Go midzou no o*, appelé *Si siō Sinnō*, devint grand prêtre de la secte *Ten daï* et habita *Nikkō*. Il fut le 50ᵉ grand prêtre. Par ordre impérial, le temple se nomma *Rin ō zi*, et ce fut là que siègea la direction des affaires de la secte *Ten daï*. A dater de cette époque la dignité de grand prêtre fut toujours conférée à un prince du sang.

Lors de la 1re année de *Meï zi*, (1868) il y en avait eu treize.
Le 13e et dernier fut *Ko guen hô Sinnō* (*Kita sira kava no miya*),
qui était le 62e grand prêtre et habitait en dernier lieu *Tō yé zan*
(*Ouyéno*) où il avait été conduit par les soldats du *Siôgoun* et
d'où il fut enlevé par les troupes impériales. Il s'enfuit de là
vers *Aï dzou*.

Ce fut la fin des grands prêtres de *Nikkō*. A l'époque de
Meï zi, une ordonnance impériale établit la séparation des *Miya*
et des *Téra* et il fut interdit aux uns de se mêler des affaires des
autres. Le titre de temple principal fut enlevé à *Nikkō* qui
devint une dépendance de *Hi yé zan*. La 4e année, tous les
revenus, soit 244.000 *kokous* firent retour à la couronne et
le temple de *San zia gon guen* de *Nikkō* prit le nom de *Fouta
hara yama*.

Le tombeau de *Tō siō gou* devint temple Sintoïste. Un prêtre
sintoïste fut placé à chaque *Miya* et les temples Bouddhistes
furent réunis sous une seule et même direction. Le temple
principal reprit le nom de *Man gan zi* et fut chargé de
l'administration de *Reï ya, Zi guen dō, Sam boutsou dō*, et autres
endroits bouddhiques. De sorte qu'il y a aujourd'hui deux
Miya et un *Téra* principaux. Ce fut là la dernière et grande
révolution de *Nikkō*. La 6e année de *Meï zi* (1874), *Fouta hara
yama*, devint temple indépendant. *Tō siō gou*, au contraire est
subventionné par l'Etat.

La 16e année de *Meï zi* (1884) *Man gan zi*, demanda l'autorisation de s'appeler *Rin ō zi ;* déjà l'année précédente, les bonzes
avaient sollicité l'autorisation de rebâtir les douze petits temples
adjacents ; mais bien que leur requête eût été favorablement
accueillie aujourd'hui *Rin ō zi* n'a plus la splendeur d'autrefois.
Il n'en est pas de même de *Fouta hara* et de *Tō siō gou*, qui, eux,
n'ont rien perdu de leur magnificence.

La tombe de *Iyé mitsou*, qui relève du Bouddhisme, est
également intacte, et reste belle comme les montagnes et les
arbres qui l'entourent.

— Lors de la 8e année de *Meï zi* (1876) quand l'Empereur
se rendit dans les provinces du Nord Est, il fit un détour
et passa à *Nikkō*, où il visita *Tō siō gou, Fouta hara* et
Reï ya.

— Dans ces derniers temps, il s'est formé une société pour la conservation des monuments de *Nikkō* : de tous les coins du Japon les aumônes sont venues, et la société possède aujourd'hui 150.000 *yen*,[1] de sorte qu'elle peut entretenir les temples pendant de longues années et cela non seulement pour le bien de *Nikkō*, mais aussi pour la gloire de l'Empire.

(1) Environ 750 000 fics.

CHAPITRE I.

Entrée de Nikkō—Hō den.

Avant de pénétrer dans *Nikkō,* on arrive à un petit endroit appelé *Hō den* où ne se trouvent que quatre ou cinq maisons ; puis la route passe dans le village, de *Sitsi ri moura,* qui autrefois, sous le Gouvernement du *Bakou fou,* formait un village à part ; mais depuis l'ère de *Meï zi,* il a été rattaché à *Nikkō.*

Ivato matsi.

Au sortir do *Hō den,* on rencontre une allée de sapins et un grand nombre de maisons, habitées par des marchands de peaux, de *guétas, settas, taïko* et autres choses. Tous ces gens étaient autrefois des *étas,* dépendant du temple de *Nikkō,* mais n'obéissant point aux ordres de *Danzayémon.*

Note :—*Danzayémon* était autrefois grand maître des *Etas* à Yédo.

Hiakken isi gaki.

MUR DE PIERRES DE CENT KEN.

Le mur se trouve an nord, derrière *Ivato matsi,* sur le bord du *Daï ya gava.* Il a 4 ou 500 *ken* de long et une hauteur de 6 à 12 *siakou.* Il a une épaisseur de 3 ou 4 *ken* en certains endroits et de 5 ou 6 *ken* en d'autres.—Ce mur a été construit pour endiguer le fleuve, et il n'entre ni ciment ni terre dans sa construction. Ce n'est qu'une bâtisse faite de grandes et petites pierres. Aussi par sa solidité et ses proportions rappelle-t-il en miniature la grand muraille de Chine. Malgré sa résistance toutefois, quand l'eau déborde, et coule avec rapidité, il s'y fait des brèches, tant est puissante la force du courant

Matsou bara matsi.

En quittant *Ivato matsi,* on se trouve également au milieu d'une allée de sapins ; la longueur du village de *Matsou bara* n'est que de deux *tsiōs.* C'était autrefois, l'entrée de *Nikkō ;* il s'y trouve une porte en bois. Dans l'antiquité c'était une plaine de sapins ; mais quand on installa *Tŏ siŏ gou* à *Nikkŏ*, les gens, dispersés en différents endroits se réunirent et formérent ce village qu'ils appelérent *Matsou bara matsi.*

Tsi ya matsi,

Continue le précédent et a aussi à peu près 200 mètres. Quand on fit construire le temple de *Tŏ siŏ gou* à *Nikkŏ*, les ouvriers maçons et charpentiers qu'on avait fait venir de toutes les parties de l'Empire s'étaient élevé là des maisons provisoires et y travaillaient. Peu à peu, cet endroit se peupla ainsi et les gens des environs augmentèrent encore le nombre des habitants. Le village devint alors *Tsi ya matsi.*

Temple de Riou zŏ zi.

Ce temple se trouve au nord de *Tsi ya matsi* et se nomme aussi *Zoui oun zan.* Dans l'intérieur on voit une statue de *Kouan on,* la plus remarquable des trente trois *Kouan on* du Japon ; elle a été sculptée par *Zi kakou duï si.* Il y a là aussi une statue de *Ben zaï ten,* travail du bonze *Yé sin.*

Ce temple a été construit sur l'emplacement d'une maison appartenant au fils de *Hatakéyama Siguétada,* qui s'en était fait une retraite et un endroit de méditations. La 1ère année de *Kem pŏ* (1218) ce fils, (de son nom religieux *Asiari*), fut dénoncé injustement comme criminel et mis à mort. Ce ne fut que long- temps après son exécution que le grand prêtre de *Nikkŏ* fit élever ce temple.

Go kŏ matsi.

Ce village fait suite à *Tsi ya matsi,* sa longueur est à peu près la même. Il s'appelait autrefois *Sim matsi* et les maisons occupaient la montagne ; elles ont été déplacées pour permettre la construction de quatre temples, et les habitants se sont vus forcés de déménager à l'endroit actuel. En reconnaissance de ce fait, le bonze *Ten kaï* avait donné au village le témoignage suivant :

“ Les habitants du village de *Go kō matsi*, ayant quitté leur territoire pour donner la place à un temple en l'honneur de *Tō sïō gou*, sont dégrévés de tous impôts à l'avenir. Mais ils sont, néanmoins, tenus au service du culte.”

A cette époque, les trois villages de *Matsou bara, Tsi ya, Go kō,* se nommaient *Sinmatsi.*

Inari matsi, dit aussi Dé matsi.

Ce quartier, déjà dans *Nikkō* même, est situé au nord de *Hatsi isi matsi* et fait suite à *Go kō matsi.* Autrefois il était au nord est du *Miya* principal, et reçut son nom du dieu qu'il avait pris pour gardien et protecteur (*Inari*). La rivière qui passe derrière se nomme aussi *Inarigava.* C'est la rivière qui se trouve au nord est du temple. Au milieu de l'ère de *Kam boun* (1661) il y eut des inondations qui détruisirent les maisons et firent périr un grand nombre de personnes. Tout le monde s'enfuit et c'est alors que l'endroit prit le nom de *Dé matsi* (ville d'où on est sorti).

Simo hatsi isi matsi.
Naka hatsi isi matsi.

Nikkō se divise en trois parties ; 1º la montagne ; 2º la ville du milieu ; 3º la ville d'en bas.

De la ville basse à la montagne, il y a une très-forte inclinaison. En sortant de *Go kō matsi*, la partie que l'on rencontre est la partie basse (*Simo hatsi isi matsi*). A l'entrée, de chaque côté de la route, s'élèvent deux murs de six *siakou* plantés de vieux *Souguis* en file et qui ressemblent à des portes.

A droite de *Simo isi matsi*, la grande rue, *Daï yoko tsiō*, conduit à *Inari matsi*. L'histoire ancienne nous apprend que, dans l'ère de *Daïdō* (800), on a commencé à construire des maisons en cet endroit et que, depuis ce temps, on l'appelle *Hatsi isi matsi*. Ce nom lui vient de ce que, sur les bords du *Daï ya gava* se trouvent des pierres ayant la forme de vases, (*Hatsi*).

Ces deux quartiers sont les deux premiers de *Nikkō.*

Kouan on zi (Temple).

Ce temple est situé au sud de *Naka hatsi isi matsi*, à mi-côte de la montagne qui s'appelle *Hatsi isi yama*. C'est la paroisse de l'endroit, et dans l'intérieur du temple, on voit une statue de *Kouan on* qu'on dit avoir été faite par *Kō bō dai si*. L'intérieur de ce *Tèra* est étroit et l'emplacement en est réduit; mais il est joli et on a, de là, une vue fort agréable.

La tradition rapporte qu'avant l'arrivée des cendres de *Tō siō gou* à *Nikkō*, ce temple était appelé *Niou raï zi* et appartenait à la secte de *Ziō dō siou*. Comme ce n'était pas le secte établie à *Nikkō*, les prêtres le transportèrent à *Ima itsi ;* ce n'est que par la suite que cet endroit fut concédé au temple actuel de *Kouan on.*

Kami hatsi isi matsi.

A partir du temple de *Kouan on*, et dans la direction de l'ouest, se trouve la partie supérieure de la ville, dite *Kami hatsi isi matsi*. Des deux côtés de la route se trouvent des boutiques où l'on vend des produits du pays, des plateaux, des objets laqués, tournés, des bols à riz et toutes espèces de petits ustensiles. La tradition dit que cet endroit était autrefois *Hosi no miya ;* on aurait coupé la montagne à l'endroit nommé *Gué ba*, et construit ensuite la ville. Par le même occasion, commé le *Daï ya gava* étant trop large et empiétant, on a, au moyen de la terre enlevée de la montagne, fait une digue qui a un peu repoussé le courant du fleuve vers le nord. Autrefois, on traversait la rivière droit en face du *Kouan on zi*. Aussi, on peut encore retrouver derrière le village actuel, des traces de l'ancien pont.

Il y avait aussi des degrés entre *Kami* et *Naka isi matsi* et la rue était très-étroite. Dans ces dernières années, on a refait tout cela, et enlevé les degrés, de sorte que les voitures et *dzinrikisias* peuvent y circuler librement.

Cet endroit passait autrefois pour être l'une des huit merveilles de *Nikkō*.

Guéba.

ENDROIT OÙ IL FAUT DESCENDRE DE CHEVAL.

En quittant *Kami hatsi isi matsi*, on se trouve sur une espèce de petite place ; jusqu'à la révolution de 1868, il y avait là une colonne de pierre ; probablement à l'endroit qu'occupe actuellement le poste de police. On appelait vulgairement cette colonne *Guéba.* L'inscription faisait face aux deux ponts : impérial et banal.

> Note :—C'était l'endroit où les cavaliers devaient quitter leurs montures. Ces poteaux indicateurs se trouvent aux abords des temples, des palais, et il est interdit de passer outre á cheval.

Hosi no miya.

TEMPLE APPELÉ MAINTENANT IVAHARÉ ZINZIA.

Ce *Miya* est situé sur la montagne, au sud du *Guéba.* Bien qu'il soit très-petit, c'était autrefois, le temple principal de *Nikkō.*

On lit dans le *You ki* que le bonze *Kaï sō ziō nin*, dès l'âge de sept ans, avait coutume d'offrir aux dieux des parfums et des fleurs. Un soir, il vit apparaître sous la forme d'un enfant, un ange qui lui dit : "Je suis le fils du dieu le plus brillant "parmi les étoiles. Tu est très-fervent disciple de Bouddha et "je t'accorde la grâce de savoir toute chose sans te donner la "peine de rien apprendre." A ces mots, il disparut. C'est alors que le jeune enfant se consacra à l'état ecclésiastique. Il devint bonze et construisit ce temple pour se conformer aux ordres du ciel.

On lit également dans le : *Ken ritson siou guiō :* "Au bord "méridional de la rivière, il y a une montagne qui se nomme "*Sin zin ga miné.* Le temple construit sur cette montagne se "nomme *Hosi no go zen.*"

Et plus loin : "Sur le bord de la rivière on a élevé un "temple à *Sin zia ō.*"

Mihasi (PONT DIVIN).

Autrefois ce pont était appelé *San kan da basi.*

Ce pont remarquable se trouve au pied de la montagne, sur le *Daï ya gava.* Sa longueur est de 13 *ken 5 siakou* ; sa largeur

Mihasi : le pont divin.

de 3 *ken* 4 *siakou* ; les piliers sont au nombre de 10 et ils ont un *siakou* 6 *soun* de diamètre. Tout le tablier ainsi que les garde-fous sont laqués en rouge; le dessous des planches est noir. Les rampes sont recouvertes de cuivres ouvrés et dorés ; les piliers ont été taillés dans le roc et sont très-beaux et très-résistants.

On raconte que le 3ᵉ mois de la 2ᵉ année de *Tem pei zin ki*, (766), *Siō dō siō nin* et quelques uns de ses disciples, étant venus dans ces montagnes, furent effrayés de voir ce torrent aux flots argentés en face de rochers abrupts. Ne sachant comment le franchir, ils se mirent en prières, et virent, au bout de quelque temps, apparaître un ange semblable à un démon. Il avait au cou un collier de brillants et portait un vêtement rouge et noir. La main gauche était appuyée sur la hanche, et dans la main droite, il tenait deux serpents, l'un rouge, l'autre bleu. D'une voix forte et semblable au tonnerre, il prononça ces paroles : "Je suis *Sin zia daï ō*. Lorsque *Guen* " *sō* et *San zō* sont allés de Chine au pays des Indes, ils ont pu, " grâce à leurs prières, traverser le désert. Que tes prières " soient également exaucées : passe." Et, faisant signe à *Siō dō siō nin*, il lâcha ses deux serpents. Les reptiles franchirent la rivière en se déroulant d'un bord à l'autre, la tête chacun dans une direction ; leurs corps prirent les couleurs de l'arc-en-ciel ; ils formèrent un pont. Le philosophe passa et arriva sur la rive nord du torrent. A ce moment, ange, serpents et pont, toute la vision disparut.

A dater de cette époque, le pont que l'on y construisit s'appela *Yama signé no zia basi*, du nom d'une petite passerelle que *Siō dō siō nin* avait fait établir par ses disciples.

En l'ère de *Daï dō* (806) l'Empereur ayant fait un vœu qui avait été exaucé, reconstruisit, en reconnaissance, le temple de *Gon guen* ; à cette époque, *Tatsibana tosito* était gouverneur et avait la haute surveillance du temple ; il fit construire un grand pont par le *Kouan nousi* (prêtre sintoïste) *Yamasaki Taï fou*, et tout le monde put ainsi facilement passer. Il fut convenu que le pont serait changé tous les seize ans et les descendants de *Taï fou* continuèrent à se charger du travail, de génération en génération. Le surnom du *Taï fou* était *Tsiōbé* ; aussi avait-on nommé le pont *Hasi kake tsiōbé*.

Il y a huit cent et quelques années que ce pont est construit.
Et il a été refait la 6ᵉ année de *Kouan yé* après le transport des
cendres de *Tŏ siŏ gou*.   La 3ᵉ année de la même ère, les piliers
de pierre furent ajoutés en l'état où ils sont encore actuellement.

A côté du pont précédent, on jeta un pont plus simple,
destiné à servir de passage à tout le monde ; car le *Mihasi* ne
servait qu'au *Siŏgoun* ou à son représentant. Chaque année
cependant, lors des fêtes de *Fouyou miné guiŏ zia* et de *Siouppŏ
guiŏ zia*, le *Mihasi* était ouvert au public.

Pont banal.

Il est jeté sur le torrent, à 14 *ken* environ du pont impérial.
Sa longueur est de 13 *ken* et il est large de trois.   Il n'a pas de
piliers, étant simplement soutenu par des poutres posées sur les
deux rives.   Il servait autrefois à passer lorsque le pont
impérial était en réparation, et on le brisait quand les répara-
tions étaient finies ; les bœufs et les chevaux même passaient
par le pont laqué ; ce n'est que la 13ᵉ année de *Kouan yé*
(1637) qu'on laissât subsister le pont banal et qu'il fût décidé
de le laisser à l'usage du peuple, lorsque les *Siŏgouns* se reservé-
rent le *Mihasi*.

Rivière du Daï ya gava.

La source de ce torrent, qui forme rivière un peu plus loin
que *Nikkŏ*, est précisément la cascade de *Kégon* qui tombe du
lac de *Tsiou sen zi*.   Comme il coule entre *Daï takou* (*Osava*)
et *Sin kokou* (*Fouka ya*), ou l'a appelé de ce fait *Daï ya*, de la
première syllabe du premier nom chinois et de la dernière du
deuxième nom Japonais.   Bien que l'eau soit très-froide, on y
trouve des truites saumonées, des truites et des poissons de
roches (*Ivana*).   A sept ou huit lieues de sa source, il se jette
dans le *Kinou gava*.

Pendant la saison d'automne, le *Daï ya gava* est une des huit
merveilles de *Nikko*.

自下野國日光山山菅橋至同國都賀郡小倉村同國河內
郡大澤村同國同郡大桑村歷二十四年植杉於路邊左右
幷山內十餘里以奉寄進
東照宮
慶安元年戊子四月十七日　從四位下松平右衞門太夫源正綱

Inscription relatant l'offrande d'une allée de *Sougui* par *Matsoudaira Masatusona*.

Pierre dite Kō za séki.

En remontant la rivière pendant vingt *ken*, en amont de *Nikkō*, on aperçoit, à 2 ou 3 *siakou* au dessus du niveau de l'eau, une pierre ayant la forme d'une chaire à prêcher. Autrefois il y avait là deux autres pierres appelées *Hana tsouki isi* et *Tokou zi isi;* mais elles ont disparu avec l'inondation de la 4ᵉ année de *Teï kiō* (1688). Celle qui subsiste n'a jamais pu être engloutie par l'eau.

Inscripton dite Kem bokou no hi.

Ce monument se trouve en face du 2ᵉ pont, sur le bord de la route : sa hauteur est de 1 *ziō* et 1 ou 2 *siakou*. Il relate l'offrande d'une allée de *sougui* faite lors de la construction du tombeau de *Tō siō gou*. Voici la traduction de l'inscription :

" Celui qui a souscrit humblement son nom ici, offre respec-
" tueusement à *Tō siō gou* la plantation d'une allée de sapins
" qui partira du pont de *Yama sigué no hasi* de *Nikkō* (province
" de *Simodzouké*) et ira à *Okoura mori* (*Tsouga gōri*, même pro-
" vince); *Osava moura* (*Kavatsi gōri*); *O koua moura* (*Kavatsi*
" *gōri*, même province). Le tout planté dans un espace de
" vingt ans sur une étendue de dix lieues."

1ᵉʳᵉ année de *Kéï an* (1648), 4ᵉ mois, 17ᵉ jour *Tsoutsi no yé no né* (Terre simple, souris).

(L.S.) *Ziou si i gué, Matsoudaïra Ouyé mon no Taï you, Minamoto no Masatsouna.*

Sin zia ō sia (TEMPLE).

Ce temple est est situé au pied de la montagne, en face du pont impérial. Il protége le pont. Bien qu'il soit tout petit, il est très-célèbre, et il a été le prédécesseur des splendides et majestueux temples de *Nikkō*.

L'image de *Bi sia mon*, qu'on y voit, est, assure-t-on, le travail de *Siō dō siō nin*.

Nagasaka (LA LONGUE MONTÉE).

Pour franchir la montagne, il y a deux routes devant le temple de *Sin zia ō*. Celle de droite se nomme *Hon gou saka*.

c'est-à-dire montée du temple principal ; celle de gauche est *Nagasaka,* la grande montée. Cette dernière conduit au temple de *Tō sio gou ;* elle a 4 *ken* de large et elle est bordée de chaque côté, de vieux *Sougui.* On monte pendant 150 mètres et le terrain devient plat. Une fois en haut, si on tourne, à droite, on trouve : le mur de *Man gan zi,* et à gauche, 4 temples bouddhiques. On appelle cet endroit *Yama naka* ou le milieu de la montagne. A près avoir suivi jusqu'au bout cette route dite de *Yama naka,* si on tourne, on a, à sa gauche *Go ten you,* et, à sa droite, la porte d'entrée de *Man gan zi.* La route conduit, alors droit au temple de *Tō sio gou ;* elle est fort large et d'un aspect majestueux.

O tabi sio (PETIT TEMPLE).

A droit de la montée de *Nagasaka* se trouve *Higasi yama dani ;* c'est là que l'on fait des offrandes au dieu de la montagne. Il y a un petit sanctuaire et une pagode laquée en rouge. L'autel servant aux offrandes a une longueur de 7 *ken* 4 *siakou ;* le *Tabi sio* proprement dit se trouve être une petite salle adjacente ; c'est là que l'on dépose les châsses et les ornements servant à la procession du dieu. Cette procession est assez originale et si l'on a la chance d'être à *Nikkō* à la fête du printemps ou de l'automne, il est intéressant de s'arrêter à la cérémonie.

Autrefois, on faisait venir les musiciens de *Kiōto* même ; puis la coutume tomba en désuétude. On la reprit en la 3ᵉ année de l'ère de *Kouan yé* (1627). L'air, joué sur diverses sortes d'instruments se nomme *Adzouma asobi no kagoura.* A côté du temple de *Sin zia,* on peut lire l'inscription suivante :

" Fête annuelle de *Nikkō. Adzouma asobi no himé.* Les " musiciens venus exprès de *Kiōto,* jouaient autrefois l'air de " *Adzouma asobi no kagoura ;* puis la coutume disparut.

" Le premier prince du sang, désirant rétablir cet usage, à " l'automne de la 3ᵉ année de *Kan yé,* j'ai demandé l'autorisa-" tion au *Siōgoun Tsounayo ̄i* qui me l'a accordée.

" Les musiciens étaient alors :

日光山歳脩

東照宮祭禮京師伶人來奏東遊神樂其後廢絕久不奏焉吾
一品大王欲復其儀寶永三年秋請于　大將軍綱吉公
大將軍速允其請召伶人攝津守多久富伯耆守狛近家豐前
守狛近任木工權頭狛近業左近將監狛永貞傅其曲于日光
伶人四年四月料給三百俵以充其費自此每歲四月九日脩
祭之日必奏以爲常　保孝受　大王之命謹記其由以勒于石

寶永五年戊子四月　　内藤内藏權頭從五位下藤原朝臣保孝謹書

Inscription relatant l'institution de la fête *Aodzouma asobi.*

Monument de *Morinaga.*

" *Setsou no kami Takoufou ;*

" *Hōki no kami Hakou tsikaiyé ;*

" *Bouzen no kami Hakou tsikato ;*

" *Mokkō gon no kami ;*

" *Hakou tsika nari ;*

" *Sakou no siōguen ;*

" *Hakou nagasada ;*

" Ils ont enseigné leur musique à des artistes de *Nikkō*. La 4ᵉ
" année, 4ᵉ mois de *Kouan yé*, j'ai donné 300 sacs de riz pour
" former cette musique : et j'ai continué à les donner, chaque
" année au 4ᵉ et au 9ᵉ mois.

" — Moi, *Yasoutaka*, sur l'ordre du grand prime, j'ai fait
" faire cette inscription."

5ᵉ année de *Kouan yé*, *Tsoutsi no yé no né*, 4ᵉ mois.

(L.S.) *Naïtō, Koura gon no kami ziou go i no gué, Fouziwara
no ason Yasoutaka.*

Monument de Morinaga.

En haut de la colline de *Nagasaka*, dans l'intérieur de *Ziō dō
in*, se trouve une sorte de pierre tombale ; elle a 4 *siakou* de
haut ; c'est une pierre brute dont on n'a poli qu'une des faces ;
elle est conforme au dessin ci-contre. Autrefois, cette pierre
avait la forme d'une pagode à plusieurs toits ; mais elle a été
renversée par le tremblement de terre de *Ten oua* (1681), et
rééidifiée telle qu'elle est actuellement.

Adatsi tokourō Morinaga avait été, dès son enfance, *Kéraï* de
Yoritomo et fait seigneur de *Sinano* (*Sinano no kami*). La 1ʳᵉ
année de *Siō zi* (1199), quand *Yoritomo* mourut, *Morinaga* se fit
bonze sous le nom de *Ren saï*. L'année suivante, il mourut à
Amanara.

Note :—Le fils de ce *Morinaga*, s'étant fait bonze également dans
l'année de *Kem pō* (1213), résida à *Kō ya san*. Il mourut la 2ᵉ année
de *O zi* (1247) sous le nom de *Gakou tsi*. Quelques uns des bonzes de
Kō ya san étant venus s'installer à *Nikkō*, élevèrent ce monument à la
mémoire de leur ancien confrère ; après le tremblement de terre, celui
qui réédifia la pierre, se trompa et inscrivit le nom de *Morinaga Sinano
no kami*, c'est-à-dire du père.

Hom bō (Man gan zi).

TEMPLE.

L'entrée principale de ce temple se trouve vers le milieu de
la route nommée *Yama naka dōri,* à droite en se dirigeant vers
Tō siō gou.

La 18ᵉ année de *Kéï tsiō* (1614), le Grand prêtre *Ten kaï* vint
s'établir à *Nikkō,* au moment où cet endroit célèbre allait
retrouver un peu de son ancienne splendeur.   Le grand temple
était alors en ruines et il ne fallait pas songer à y résider.
Aussi jusqu'à l'ère de *Guen oua* (1616), époque à laquelle *Tō siō
gou* fut transféré à *Nikkō,* le Grand prêtre habitait *Za zen yen,*
ancienne pagode.   Ce ne fut que la 7ᵉ année de *Guen oua* (1623)
qu'il reconstruisit *Hom bō* sur l'emplacement de *Kō meï in.*

La 18ᵉ année de *Kouan yé* (1642) il le transporta à l'endroit
qu'il occupe actuellement.   Mais comme autrefois le temple de
Kō meï in était le principal, son nom fut conservé à *Hom bō.*

Ippon sitsiō sinnō, prince impérial, étant grand prêtre la 1ᵉʳᵉ
année de *Meï réki* (1655) changea le nom ne *Hom bō* en celui de
Rin ō zi, par ordre de l'Empereur *Go midzou no ō.*

Quand, à l'époque de *Kouan yé* (1624), on refit le temple, ce
fut le grand prêtre lui-même qui dressa les plans.   Les dessins
de la Bibliothèque étaient faits par *Tan you saï Mori nobou* et
Zi teki saï Nao nobou.   Mais malheureusement, tout fut brûlé
dans la première année de *Teï kio* (1684).   L'année suivante,
lors de la reconstruction, on transporta à *Nikkō* le *Yen den*
(l'autel) de *Higasi Hiyé zan (Ouyéno).* Après la révolution, lors
de l'ère de *Meï zi,* tous les petits temples furent soumis à la
direction de *Hom bō,* qui, alors, reprit son ancien nom de *Man
gan zi.*   La 4ᵉ année de *Meï zi,* ce temple brûla encore, et on le
refit, mais pas aussi beau qu'autre fois.   La 15ᵉ année, on
construisit 12 petites chapelles et trois grandes.   Enfin la 16ᵉ
année le temple reprit le nom de *Rin ō zi ;* mais généralement
on ne le désigne que par son ancien nom de *Man gan zi.*

Salle de San ziki.

Au sud de la porte d'entrée de *Hom bō,* se trouve une salle de
ce nom qui servait de salle de réception au *Siōgoun.*

Sam boutsou dō.

AUTEL PRINCIPAL DE RIN Ō ZI.

Si on entre par la porte principale, à gauche on trouve un grand et beau monument. On l'appelait autrefois *Kindō*, et c'était le plus beau de *Nikkō*. L'entrée est au sud. Elle a 17 *ken* de façade sur 10 *ken* de profondeur. Depuis le soubassement jusqu'au faîte du toit, la hauteur est de 8 *ziō* 8 *siakou*.

Il y a, dans l'interieur, une statue d'*Amida* d'une longueur de 9 *siakou*; l'auréole a 6 *siakou* 7 *soun*; le piédestal : 1 *ziō* 8 *soun*; de sorte que la hauteur totale a 2 *ziō* 6 *siakou* 5 *soun*.

A gauche, se trouve *Kouan on* aux mille bras; sa hauteur est de 8 *siakou* 2 *soun*; l'auréole a 5 *siakou* 9 *soun*; hauteur totale : 2 *ziō*, 3 *siakou* 4 *soun*.

À droite : *Batō kouan on* ou *Kouan on* protectrice des chevaux. Hauteur : 8 *siakou* 2 *soun*; auréole : 5 *siakou* 9 *soun*; piédestal : 9 *siaku* 3 *soun*; hauteur totale : 2 *ziō* 3 *siaku* 4 *soun*.

Derrière ces trois statues, se trouvent cinq statues de *Daï miō ō*.

— L'année 1ᵉʳᵉ de *Ka siō* (1106), le bonze *Zi kakou daï si* étant venu à *Nikkō*, visita tous les endroits qui lui parurent propices et construisit un temple au pied de *Takino ō*; il y plaça trois statues qu'il avait faites lui même. Le temple s'appelait *Zin gou zi*, et plus tard, reçut le nom de *Kindō*. C'était le temple central de *Nikkō*. Vers le milieu de l'ère *Nin zi* (1240) le bonze *Ben gakou* transporta le sanctuaire au pied du *Kō reï zan* (près du tombeau de *Tō siō gou*). Et, la 3ᵉ année de *Guen oua*, il subit un changement et fut replacé à l'est du temple de *Fouta hara*. Puis, le 1ᵉʳᵉ année de *Keï an* (1648), on le reconstruisit avec magnificence. Après la révolution de *Meï zi* lors de la séparation des *Kamis* et du Bouddhisme, il devint une dépendance de *Man gan zi*. Pour le réparer et le rebâtir où il est actuellement, le Gouvernment a accordé une somme de 3,000 *yen*.

Toki no kané (cloche à sonner les heures). Elle se trouve près de *San boutsou dō*. Elle a 4 *siakou* de diamètre et a été refondue en la 2ᵉ année de *Tem pō* (1832). Elle est recouverte d'un toit de *Kéyaki* (bois dur).

Autrefois elle se trouvait dans l'enceinte du temple de *Tō siō gou* et a été transportée à l'endroit actuel en la 4ᵉ année de *Mei zi* (1872).

Riō daï si (LES DEUX GRANDS SAGES).

Zi yé dai si. Zi guen dai si.

Le monument élevé à la mémoire de ces saints hommes se trouve derrière le *Sam boutsou dō*. Autrefois il s'appelait *Outsi gon guen dō*. Quand le bonze *Ben gakou* construisit les trois statues de *Kami no zin zia*, il les avait placées dans ce sanctuaire et les en avait fait gardiens. Ce petit temple fut le seul qui resta après l'incendie de *Hom bō*, et, en la 4ᵉ année de *Mëi zi*, quand on sépara les cultes bouddhiste et sintoïste, on plaça à cet endroit les deux philosophes.

Le nom de famille de *Zi yé daï si* était *Kizou* son nom *Kiōguen*; il était né le 9ᵉ mois de la 12ᵉ année de *Yen gui* (912) dans le canton d'*Asaï*, province d'*Omi*. Il était doué de grandes vertus et était entré à *Hiyé zan*. Il était tellement plongé dans la religion et les pratiques dévotes qu'il ignorait le froid et la faim. Il mourut le 1ᵉʳ mois de la 11ᵉ année de *Yeï kouan*. (983).

Zi guen daï si était un disciple de *Zi yé daï si* qu'il chérissait beaucoup. Il atteignit, au reste, sa perfection et devint saint comme son maître.

Colonne dite Sō rin tō.

Ce monument se trouve dans l'enceinte de *Man gan zi*, à quelques pas du *Sam boutsou dō*. Son piédestal est fait de pierres carrées d'une hauteur de 5 *siakou*. Au milieu se trouve une colonne de bronze; sa hauteur est de 4 *ziō* 4 *siakou* et elle est enfoncée en terre à une profondeur de 2 *siakou* 4 *soun*.

Le diamètre inférieur est de 3 *siakou* 1 *soun*; le piédestal est octogonal et a huit *siakou* de diamètre. A l'extrémité supérieure se trouvent vingt sept pendeloques en or et vingt quatre clochettes également en or. Les armes du *Siōgoun* qui la recouvrent, sont dorées et tout le long de la colonne est écrite la vie de *Den kiō daï si*.

Il y a quatre colonnes supports qui sont également en bronze ; la hauteur de chacune d'elles est de 1 *ziō* 7 *siakou* 8 *soun*. Elles sont rattachées à la colonne principale par des traverses également en bronze.

Le *Sō rin tō* a été élevée le 7ᵉ mois de la 27ᵉ année de *Kouan yé* (1643) par le bonze *Ten kaï Daï sō ziō* à l'imitation de celle de *Hiyé zan* et il y fit relater les faits et gestes de *Den kiō daï si*.

Elle était autrefois située près du sanctuaire de *Tō siō gou*, puis en l'année de *Kéï an* (1648), transportée près du *Sin gou*, et enfin, la 6ᵉ année, de *Méï zi* (1874) elle fut déplacée et réinstallée à l'endroit qu'elle occupe maintenant.

Lanternes en bronze (TŌRŌ).

Elles sont au nombre de deux, juste près du piédestal de *Sō rin tō*. Elles ont une hauteur de 2 *ziō* et sont ornées de cuivre travaillé et doré. Ces deux lanternes sont une présent des marchands de soie de *Yédo, Osaka, Nagasaki* en la 1ᵉʳᵉ année de *Kéï an* (1648). Comme ils n'étaient que des marchands, on leur avait interdit de déposer leur offrande au temple de *Tō siō gou*, auquel elle était destinée. A grand peine leur permit-on de la déposer à côté du *Sin gou*.

Les lanternes furent déplacées, en la 6ᵉ année de *Méï zi* (1874) en même temps que le *Sō rin tō*.

Go den ato tsi.

RUINES DE L'ANCIEN PALAIS.

Situées on face de l'entrée de *Hom bō*. Le palais était autrefois à *Za zen yen* ; mais, en la 18ᵉ année de *Kéï tsiō* (1614) le prêtre *Siō sou* ayant des difficultés se retira, et plus tard le palais fut brûlé. Ce n'est qu'en la 18ᵉ année de *Kouan yé* (1642) que *Hom bō* ayant été reconstruit sur l'emplacement actuel, le *Go den* fut alors bâti sur le terrain dont nous parlons. Pendant l'ère de *Kiō hō* (1716-1735) il fut démoli et depuis ce temps, on désigne l'endroit sous le nom de *Go den ato tsi*.

Kō meï in Kiou seki.

RUINES DE KŌ MEÏ IN.

Le terrain qui se trouve à côté de l'ancien temple de *Tō sïō gou*, au sud, appartenait à *Kō meï in*, dépendance de *Si hon riou zi*. La 1ère année de *Nin zi* (1240) le bonze *Ben gakou* 22e grand prêtre construisit le temple qui fut, plus tard, sur l'ordre de l'Empereur *Si zïō*, nommé *Kō meï in*. Les successeurs furent des princes ou des descendants des *Sïōgouns* de *Kama koura*, intronisés par l'Empereur.

La 27e année de *O yé* (1421), le grand prêtre *Zi guen* s'étant retiré, *Kō meï in* resta sans chef et tomba en ruines.

Makanaï zaka.

COLLINE DES PROVISIONS.

En tournant au sud du terrain de *Go den zi*, ou se trouve dans une rue dite *Nisi matsi* et aussi nommée descente d'*Isisaka*. Comme c'était toujours par là que l'on apportait les provisions au temple ou finit par appeler cet endroit *Makanaï zaka*, c'est-à-dire le colline des provisions.

Simmitsi.

LA NOUVELLE ROUTE.

A gauche de l'entrée de *Tō sïō gou* se trouve une route longue de trois *tsïō* et conduisant au tombeau de *Iyémitsou* (*Rei ya*) en passant devant *Fouta hara zinzia*. C'est cette route qu'on appelle *Simmitsi*.

CHAPITRE II.

Tō siō gou.

TOKOUGAVA NO IYÉYASOU.

Ce prince descend du 55ᵉ Empereur *Sëi oua tennō*, par le sixième fils de ce dernier, *Momozono sinnō*, dont il est le descendant à la 26ᵉ génération. Son père était *Tokougava Minamoto no Hirotada* seigneur d'*Okasaki*, dans la province de *Mikava ;* sa mère était fille de *Midzouno Tadamasa*, seigneur de *Kariya*, également dans la province de *Mikava*. Il naquit au château d'*Okazaki*, le 26ᵉ jour du 12ᵉ mois de la 11ᵉ année de *Tem boun* (1543). Dès son enfance, il reçut le nom de *Takétsiyo ;* à l'ère de *Yëi rokou* (1558), âgé de 17 ans, il fit pour la première fois la guerre en attaquant et prenant le château de *Térabé*, dans *Mikava ;* à partir de ce moment il guerroya sans cesse pendant cinquante huit ans de sa vie et parvint à établir la paix dans l'Empire. Il mérita bien du pays. A près s'être élevé au rang de *Mikava no kami*, il devint *Daï dziō daï dzin* ou premier Ministre. Il mourut le 17ᵉ jour du 4ᵉ mois de la 2ᵉ année de *Guen oua* (1618), au château de *Sourouga*, à l'âge de 75 ans, et fut enterré à *Kou no zan*, canton de *Oudo*, dans la même province. Il fut, après sa mort, dénommé en religion bouddhique : "*An kokou in den Ippon daï siō kokou tokou ren zia sō yō dō oua daï ko zi ï*, ce qui veut dire : le Seigneur qui a donné la paix à l'Empire, du rang le plus élevé ; la première vertu de l'Empire, assis sur la fleur de Lotus, grand maître retiré dans l'harmonie de la doctrine profonde et vénérée."

Plus tard, suivant ses dernières volontés, il fut transporté a *Nikkō*.

Voici le récit historique de la translation de ses cendres :

Le 21ᵉ jour du 2ᵉ mois, de la 3ᵉ année de *Guen oua* (1619), l'Empereur accorda à *Iyéyasou* le titre posthume de *Tō siō daï gou guen ;* le 9ᵉ jour du 3ᵉ mois, il fut nommé *Siō itsi ï* et le 15ᵉ jour commencèrent les cérémonies pour la translation de ses cendres à *Nikkō ;* à la première heure du tigre, le Grand Prêtre *Tenkaï* donna le premier coup de pelle et enleva une motte de terre (cérémonie ancienne pour l'exhumation des grands dignitaires). Le même jour, le corps parti de *Kou no san* et arriva à *Zen tokou zi*. Le premier de ceux qui conduisaient le cortège était le bonze *tenkaï*; venaient ensuite de savants religieux et les sages du *Kouan tō*. Les représentants du *Siōgoun* et de trois maisons de *Tokougava : Honda Kodzouké no souké, Masazoumi ; Dōi Oï no kami, Tosikatsou : Matsoudaïra Ouyé mon no Taï you, Masahisa : Itakoura Naïzen no siō, Siguémasa : Akimoto Tajima no kami, Yasoutomo : Narousé Hayato no ziō, Masanari ; Andō Tatéouaki, Naotsougou : Nakayama Biltsiou no kami, Nobouyosi ;* tous, suivaient à cheval : le 16, le cortége arriva à *Misima.* Il s'y arrêta deux jours.

Le 22, il passa à *Koyorogui* et arriva le 21 à *Foutsiou*, province de *Mousasi ;* il s'y arrêta cinq jours.

Le 27, au château de *Osi ;* le 28, à *Sano*, province de *Simodzouké ;* le 29⁵ à *Kanouma* où il demeura jusqu'au 3⁵ jour du 4⁵ mois : le 4, à la première heure de la chèvre, il entra à *Za zen yen* à *Nikkō ;* le 8, les cendres furent mises en terre : le 14, l'esprit prit sa demeure dans le sanctuaire provisoire. L'envoyé de l'Empereur, *Ano saïsiō, Sanéaki*, fit transporter l'esprit, le 16, dans le vrai sanctuaire, et *Nakamikado saïsiō, Nobouhira*, deuxième envoyé impérial, assisté de *Seïkanzi saïsiō, Tomofousa*, célèbra le 17, en grande pompe le bénédiction du temple.

Le 3⁵ jour du 11⁵ mois de la 2⁵ année de *Siō hō* (1644), l'Empereur décerna des honneurs spéciaux à *Tō siō goun*, parce qu'il était convaincu que c'était grâce à sa divine protection qu'il était devenu empereur. Parmi les quelque trois mille *Kami* sintoïstes du Japon, il n'y en a pas un, en dehors des personnages impériaux, qui ait reçu le titre de *Miya (Kou, gou).* *Iyéyasou* est le seul des serviteurs des *Mikado* à qui ce titre fût conféré.

Le 9⁵ jour 6⁵ mois de la 6⁵ année de *Meï zi*, par décret impérial, le temple de *Tō siō gou* fut déclaré temple relevant du service officiel du culte sintoïste.

Tori ï en pierre.

Il est situé à la porte d'entrée du temple et fait de pierre de *Mikagué* très-dure. La hauteur est de trois *ziō* et de plus, le pied est enfoncé en terre de deux *siakou* six *soun*. La traverse de pierre, destinée à soutenir les pieds sous terre, a 7 *siakou* 7 *soun* de diamètre ; la traverse supérieure, *Kasa isi*, est de 6 *ken* 5 *siakou* ; le *Gakoudzouka* (inscription) porte les cinq caractères *Tō siō daï gon guen*, écrits de main impériale.

Ce *tori ï* a été offert par le *Daimiō* de *Tsikouzen*, *Kouroda Nagamasa* ; voici l'inscription qui se trouve sur les colonnes :

Donné au temple de *Nikkō zan* pour être offert à *Tō siō daï gon guen*. Ce *tori ï* a été fait de pierre de *Tsikouzen* et poli dans le pays même ; il a été apporté jusqu'à ces montagnes, en traversant la mer du sud.

Le 27ᵉ jour du 4ᵉ mois de la 4ᵉ année de *Guen oua* (1620) ; du cheval et de la terre brute.

Kouroda Tsikouzen no kami, Fouzivara no Nagamasa.

Isi tō rō.

LANTERNES DE PIERRE.

A l'entrée de la porte principale, et de chaque côté, se trouvent quatre lanternes de pierres, de la forme dite en Japonais *Kasouga gata*.

Deux d'entre elles, les premières ont 2 *ziō* et 2 ou 3 *siakou* de haut, et ont été données par *Sakaï Sanouki no kami, Tadakatsou*, le 4ᵉ mois de la 4ᵉ année de *Guen oua* (1620). Les deux autres ont 1 *ziō* 1 ou 2 *siakou*, et ont été données à la même époque par *Arima Nakatsoukasa no Taï you, Tadayori*.

Go ziō no tō.

PAGODE À CINQ ÉTAGES.

En entrant, à gauche du *Tori ï*, dans l'intérieur de l'enceinte de pierre, se trouve cette pagode, qui, du soubassement à l'extrémité du faîte a 10 *ziō* 5 *siakou* ; la surface à la base est de 3 *ken* carrés. Dans l'intérieur se trouve la statue de *Go tï niou raï* ; les colonnes sont dorées ; l'extérieur est laqué rouge ; sur la poutre horizontale extérieure se trouvent les 12 signes du zodiaque. Cette pagode a été offerte par *Sakaï Ziziou, Tadakatsou*, la 1ʳᵉ année de *Keï an* (1648).

Poste de garde extérieur.

Ce poste est en dessous de l'enceinte de pierre, à l'est de la porte principale. Du temps du Gouvernement Siōgounal, il y avait dans la montagne onze postes. Tous ont disparu, sauf trois. Celui-ci ; un autre situé dans l'intérieur du temple et un troisième près de la porte de *Ni ō mon*, au temple de *Iyémitsou*.

Isi gaki.

MUR EN PIERRES.

A gauche et à droite de l'entrée. Il a plus d'un *ziō* de haut. Il n'y a rien de particulièrement remarquable dans la construction de ce mur ; cependant on peut y voir deux grosses pierres nommées *Aho marou isi* et *Aramé isi ;* cette dernière est la plus petite ; l'autre a 2 *ziō* 2 *siakou* de large et sa hauteur dépasse le mur.

Porte d'entrée.

AUTREFOIS DITE NI Ō MON.

Cette porte se trouve un peu au delà du *Tori ï ;* Elle a 4 *ken* 5 *siakou* de long sur 2 *ken* 3 *siakou* de profondeur. Les pentes latérales du toit sont toutes en cuivre et laquées rouge. Le faîte du toit et toutes les parties en métal sont dorées ; les battant de la porte sont marqués du *mon* (armoiries) des *Tokougava*, la feuille de mauve. Les deux côtés extérieur et intérieur sont sculptés à jour en fleurs de *Kikous*. A droite et à gauche se trouvent des têtes de tapirs et les lions dorés. La poutre transversale du toit en dedans de la porte est décorée d'un *mon* doré. Dans les niches à droite et à gauche sont deux *Koma inou*, espéces de chiens lions dont l'entrée des temples sintoïstes est ordinairement ornée. Chacun d'eux a 6 *siakous* de long. Dans les niches donnant sur la cour, sont deux vases en bronze, présent de *Riou kiou*, venus vers le milieu de l'ère *Kouan yé* (1694–1643). Ces vases sont tout à fait de forme chinoise. Cette porte franchie, on se trouve dans une cour pavée en pierres carrées sur un espace de trois cents pas, et par laquelle on arrive à la porte dite *Yō meï mon*. Cette cour est entourée d'un mur de planches recouvertes de cuivre laqué de rouge. A l'est de la cour se trouve la porte de service ; à l'ouest, celle dite *Oudzoumi mon* qui donne sur le *Sin gou baba.*

San zin kō.

LES TROIS HANGARS.

En franchissant la porte principale, on aperçoit à droite, trois constructions alignées. Elles ont de 9 à 10 *ken* sur 3 ou 4. Devant se trouve une palissade en planches laquées rouge. Les cuivres qui la recouvrent sont dorés et repoussés. Les colonnes, dorées également, sont finement travaillées à leur extrémité supérieure et représentent des fleurs, des oiseaux, des plantes.

La première de ces constructions a, sur un des côtés, une traverse sculptée de deux éléphants, l'un blanc, l'autre noir, absolument virants. Ils ont cinq *siakou* de haut. L'œuvre est de *Tan you saï, Morinobou,* l'artiste bien connu.

Saï ziō (CABINETS).

Ils se trouvent dans un des coins, entre le bâtiment du milieu et le dernier ; ils sont réservés aux grands personnages et ont 9 *ken* 5 *siakou* de large. Il pourra paraître étrange qu'il soit ici question de ces " *buen retiro ;*" ils sont remarquables en ce que les temples n'en possèdent jamais ; c'est une exception d'en trouver à *Nikkō.*

Mma ya (ÉCURIES).

Elles se trouvent à gauche après avoir franchi la porte principale. Elles sont en simple bois blanc. Les côtés sud et nord sont sculptés de sapins et de singes aux grands bras, tous différents de forme. Cette coutume de dessiner ou de sculpter des singes dans les écuries, vient de Chine. Dans le *Mma ya* on remarque : le bureau de l'officier préposé aux chevaux ; les mors ; des auges en bronze dont la longueur est de 2 *siakou* 6 *soun,* sur un *siakou* 5 *soun* de large, et un *siakou* de profondeur.

Bien que tous les édifices qui sont dans l'enceinte du temple soient peints en rouge ou ornés de couleurs, l'écurie fait exception.

Kin siō ziou.

LE SAPIN D'OR.

Il est planté à côté de l'écurie et on le désigne d'habitude sous le nom de *Ko yo maki* ; il a un *ziō* de tour et est entouré d'une ceinture de pierres afin d'être protégé contre les mains des visiteurs. On dit qu'il a été planté là par le troisième *Siōgoun Iyémitsu*.

Près de l'écurie se trouve aussi un corps de garde où des agents sont en permanence et se relayent dans leur surveillance du temple.

Téharaï soui ban.

PIERRE POUR SE LAVER LES MAINS.

A l'ouest du corps de garde se trouve une grande pierre généralement appelée *O midzou ya*. C'est une pierre de *Mikagué* ; sa longueur est de 8 *siakou* 5 *soun* ; sa largeur de 4 *siakou* ; sa hauteur de 3 *siakou* 5 *soun* ; l'eau surgit au centre et tombe simultanément des quatre côtés à la fois. Le toit a 2 *ken* 4 *siakou* sur 2 *ken* 1 *siakou* ; les côtés du toit sont faits à le mode chinoise ; quant aux colines qui soutiennent le toit, elles sont aussi en pierres de *Mikagué*. Les traverses supérieures sont en bois et les bas reliefs sont d'une extrême finesse ; la poutre qui supporte le toit dans toute sa longueur est fort bien dorée. En bas reliefs se voient des dragons volants et des vagues écumantes. Le haut des colonnes de pierre est orné de dessins en or fort beaux. Cette pierre du *Té haraï* a été donnée la 1ère année de *Guen oua* (1616) 17e jour du 4e mois, par *Nabésima Sinano no kami*, seigneur de *Hizen*, ai-si qu'en fait foi l'inscription.

Karagané tori ï.

TORI Ï EN BRONZE.

Il s'élève en face de la pierre dont nous venons de parler. On l'appelle *Ni no tori ï* soit deuxième *Tori ï*. Il a plus de deux *ziō*, et, dans le bas, il est orné du *Mon* des *Tokougaoua*.

Kin zō (PETIT AUTEL).

A l'ouest, après avoir franchi le *Tori i* précédent, et en face du sanctuaire. Sa largeur est, en tous sens, de 6 *ken* 3 *siakou*. On peut l'ouvrir des quatre côtés et intérieur est pavé de pierres carrées sur les quelles on peut circuler. Il n'y a de *Tatami* que sur une étendue d'un *ken*. Au milieu, dans un petit meuble, est conservé le livre de prières *Issaï kiō*. Devant cette sorte d'armoire se trouvent les statues de *Foudaï si*, *Fou seï* et *Fou mon*, représentés dans l'attitude de petits garçons qui rient en montrant quelque chose du doigt. C'est ce qui a fait appeler aussi cet endroit *Ouaraï dō*. (l'endroit où on rit.)

Nam ban tetsou no tōrō.

A l'angle nord ouest du sanctuaire, au bas du mur de pierres, se trouvent deux lanternes de bronze. Elles ont chacune 8 *siakou* 5 ou 6 *soun* de hauteur et sont une offrande de *Masamouné* prince de *Sendaï* datant du 4ᵉ mois de la 3ᵉ année de *Guen oua* (1619). On dit que pour arriver à fabriquer ces lanternes, *Masamouné* a dépense les revenus de l'impôt pendant trois ans. Voici l'inscription qui s'y trouve :

3ᵉ année de *Guen oua*.

Sendaï Saï siō Masamouné dépose ce présent aux pieds de *Tō siō daï gon guen* avec respect et obéissance.

Le 17ᵉ jour du 4ᵉ mois.

(L.S.) *Fouzivara no ason Masamouné.*

— Les lanternes offertes par les différents *Daimiōs* sont au nombre de 118. En fer deux ; en bronze 15 ; en pierre 101.

Isi no sisi.

LION EN PIRRE.

Si, après avoir franchi le *Tori i* en bronze, on monte l'escalier de pierre, juste en face, on remarque que les soutiens du mur en pierre de la terrasse sont deux lions ; on les appelle généralement *Tobi sisi* ou lions volants. Quand le *Siōgoun* venait à *Nikkō*, il était tellement réjoui à la vue de ce travail que depuis, on a appelé ces lions : les lions de la joie.

Cloche offerte par les coréens.

Quand on est en face de la porte dite *You meï mon*, on a cette cloche à sa droite. Elle a trois *siakou* de diamètre à la base. La tête de dragon qui en fait l'anneau, dans le haut, a été percée d'un trou, ce qui fait que la cloche est connue sous le nom de ; cloche mangée par les mouches (*Mousi koui kané*).

Le campanile qui renferme cet instrument a 1 *ken* 5 *siakou* carrés et une hauteur de 1 *ziō* 5 *siakou* ; il est construit sur 4 colonnes en fer, qui, à chaque coin en haut, sont ornés de tête d'éléphants.

Inscription de la cloche :

Envoyé à *Nikkō* pour être offert à *Tō siō daï gon guen.*

Tō siō daï gon guen a un mérite sans égal et une sagesse sans mesure, et c'est un héros sans pareil, dont il est impossible de faire l'éloge. Il a tant pratiqué la piété filiale et a tant de mérite que notre roi, a éprouvé une grande joie en entendant parler de lui. C'est pourquoi après avoir fait faire cette cloche, il l'offre aux montagnes vénérées (*Nikkō*). Et moi, ayant reçu l'ordre royal, j'ai fait inscrire ceci :

" Ayant appris qu'on rendait des honneurs au temple vénéré
" de *Nikkō*, et que les présents en métal précieux y abondaient
" de toutes parts, j'ai voulu, moi aussi, apporter mon tribut
" d'adoration. Que cette cloche résonne comme la voix du lion
" et de la baleine et effraie les mauvais génies. Que votre
" Empire (le Japon) soit toujours glorieux et prospère."

Lanterne tournante offerte par les Coréens.

Cette lanterne se trouve à gauche, quand on fait face à la porte dite *You meï mon*, et elle est vis-à-vis la cloche dite *Mousi koui kané*. L'extérieur est en cuivre et de forme nouagonale. Le filet est en cuivre rouge ; on peut la faire tourner comme on veut. La partie supérieure est ornée de 9 *mon*, qui sont de travers, ce qui montre l'ignorance des choses du Japon chez les étrangers de cette époque. Au dedans de la lanterne, il y a une colonne en fer à laquelle sont fixées deux rangées de

日光山鐘銘 幷序

日光道塲爲

東照大權現設也　大權現有無量功德合有無量崇奉結搆之雄世未

曾繼述之孝益彰先烈我　王聞而歡喜爲鑄法鐘以補靈山三寶之供

仍命臣植叙而銘之銘曰

丕顯英烈肇闢靈眞玄都式廓寶鐘斯陳叅修勝緣資薦冥福鯨音獅吼

昏覺魔非器之重唯孝之則龍天是護鴻祚偕極

崇禎壬午十月

朝鮮國禮曹叅判李植撰

Cloche offerte par les Coréens.

阿蘭陀國遙聞日光山東照大權現大社御造替貢使舶獻三十枝釭之燈籠壹基因置日光山之寶庫者也
寛永十三年四月十七日

Candélabre offert par les Hollandais.

chandeliers. Le métal est en tout semblable à celui de la cloche dont nous avons déjà parlé. Il y a en outre, un candélabre, donné aussi par les coréens. Il est, au reste, placé également dans la galerie antérieure à *You meï mon* et tout près de la lanterne tournante. Il a douze lumières réparties par groupes de trois.

Candélabre donné par les Hollandais.

Tout près de la lanterne tournante des coréens. La hauteur totale de la colonne de cuivre du milieu est de 9 *siakou*. Le piédestal a, en outre, 2 *siakou* et 5 *soun*. Il y a trois rangées de lumières à 10 becs chacune. On prétend que quand tout est allumé, le chandelier tourne seul. Il est protégé par une toiture en cuivre et un filet.

Voici l'inscription :

Les Hollandais, ayant appris qu'on allait reconstruire et embellir le grand temple de *Tō siō daï gon guen*, à *Nikkō*, ont envoyé une ambassade chargée de porter en tribut ce candélabre à 30 branches et de l'offrir au temple.

17ᵉ jour du 4ᵉ mois de la 13ᵉ année de *Kan yé* (1637).

Candélabre offert par les habitants de Rioukiou.

On l'appelle généralement *Hasou tō rō* et il se trouve dans la même enceinte que les autres objets dont nous venons de parler. Il est tout en cuivre et a 1 *ziō* 2 ou 3 *siakou* de haut ; la colonne du milieu est surmontée d'un bec. Il y a trente lumières réparties en trois rangées de dix becs. Le pied est soutenu par six lézards. Les présents déjà cités et celui-ci également ressemblent tellement à des objets fabriqués en Europe, qu'on pense que le tout vient de Hollande ou bien a été fabriqué dans la factorerie hollandaise de *Nagasaki*.

Siou Rō.

PORTIQUE POUR LA CLOCHE.

Il se trouve à l'est de la lanterne coréenne, et a 4 *ziō* 4 *siakou* de haut. Le piédestal a 4 *ken* 5 de superficie. Les poutres du toit sont doubles et superposées en forme d'éventail, l'extrémité représentant des têtes de dragon. La partie supérieure, au dessus de la cloche, est en cuivre doré et les pointes sont en or.

Kō rō.

PORTIQUE POUR LE TAMBOUR.

Se dresse en face du précédent dont il ne diffère au reste, en rien.

Yakou si dō.

ANCIENNEMENT HON ZI DŌ. TEMPLE DU DIEU DE LA MÉDECINE.

Se trouve à l'ouest du tambour et fait face à l'est. Sa largeur est de 11 *ken* 3 *siakou* 6 *soun*, la profondeur est de 7 *ken* 3 *siakou* 6 *soun* ; depuis le soubassement jusqu'à l'extrémité du toit il y a une hauteur de 5 *ziō* 2 *siakou*. Au-dessus de la traverse principale de la porte, se trouve un tigre, et il y a cinq marches pour entrer ; elles sont recouvertes d'un métal appelé *Siakou dō*.

Les poutres sont dorées ; le toit est peint et les extrémités des solives sont sculptées en fleurs de paulownia et en oiseaux phénix. Tout au fond du sanctuaire, on voit une imitation de la statue de *Yakou si* de *San siou miné* ; à droite et à gauche une lune et un soleil brillants, les *Si tennō*, et douze autres dieux de la guerre, (*Sin siō*). Outre cela il y a aussi plusieurs autres statues de Bouddhas. Sur le plafond du temple est dessiné un dragon d'une longueur de huit *ken*, qui est l'œuvre de *Kano Isin, Yasounobou*. L'extérieur du temple est tout simplement laqué de noir ordinaire ; mais il est est réputé le plus beau de *Nikkō* pour les peintures intérieures.

Porte de Yō meï mon.

Cette porte est celle à laquelle on arrive après avoir franchi un deuxième rang d'escaliers en pierre. On l'appelle vulgairement *Higourasi mon*. L'entrée est exposée au midi. La largeur de la porte est de 4 *ken* 1 *siakou* : sa profondeur de 3 *ken* 3 *siakou* et elle a une hauteur de 3 *ziō* 7 *siakou*.

Le nom de *Yō meï mon* lui vient de ce que la porte du palais impérial s'appelait ainsi autrefois, et c'est l'un des empereurs qui a octroyé ce nom à la porte du temple de *Nikkō*.

Comme choses à remarquer : aux quatre coins du toit, de gros grelots d'or ; au bord, des sculptures de licornes : le *Gakou*, à l'entrée, est de la main de l'Empereur *Go yō ziō*. Les caractères sont en or pur sur fond en bleu d'outre-mer. Le long de chaque colonne, à la partie supérieure du toit sont sculptés des dragons dorés. En dessous, des phénix sculptés de la même manière. A l'extrémité des poutres entrelacées qui soutiennent le toit, il y a des têtes de cheval-dragon. Ce parapet est en laque noire revêtue par endroits de plaques de cuivre dorées. A l'extérieur du parapet, tout autour, se voient sculptées des scènes d'enfants se livrant à toutes sortes de jeux. Plus bas, des pivoines.

Sur trois des côtés extérieurs, est sculpté le jugement du Prince chinois *Tchéou*. Sur le 4ᵉ côté, un jeu de *Go*, un *Koto* et un personnage peignant.

Cette porte est remarquable par la quantité de sculptures sur bois qui en font l'ornement. Chose singulière, tous les motifs sont tirés de l'histoire et de la philosophie chinoise : le style même dénote une imitation de l'art chinois.

Kouaï rō (COULOIR).

Ce couloir ou corridor prend naissance à côté de la porte de *You meï mon*. A droite, à l'est, il est long de 21 *ken* et à son extrémité il forme le bureau de l'administration du temple ; puis il est limité par le sanctuaire.

A gauche, à l'ouest, il a 12 *ken* de long puis est limité également par le sanctuaire. Le mur qui l'entoure, de chaque côté est, sur sa face externe, sculpté de sapins, bambous, pruniers ; phénix, paons et faisans dorés, etc. La bordure est chargée de canards, oies, grues, canards mandarins, hérons, etc.

Sin yō sia (CHÂSSES).

Elles se trouvent dans le couloir de l'ouest, et elles ont 4 *ken* carrés. Devant et derrière, des portes de style chinois. Au plafond, un ange. Il existe trois de ces châsses.

Kagoura den.

ENDROIT RÉSERVÉ AUX DANSES SACRÉES.

A droite, après avoir franchi *You meï mon ;* 4 *ken* sur 3 ; il est laqué tout en noir ; une prêtresse sintoïste se tient continuellement là, à la disposition des pèlerins, et, moyennant quelque menue monnaie, exécute la danse sacrée.

Juste en face, dans le couloir dont nous avons parlé plus haut, l'administration du temple ; 5 *ken* sur 4 ; laqué tout en noir : on appelait autrefois cet endroit *Go ma dō,* et le 15ᵉ jour des 1ᵉʳ, 5ᵉ et 9ᵉ mois, il y avait ce qu'on appelait *Go ma siou hō,* cérémonie qui consiste à réciter des prières autour d'un feu dans lequel on jette incessamment, tout en priant, de petits morceaux de bois.

Tō rō (LA LANTERNE).

En avançant vers le sanctuaire, on arrive devant une lanterne, tout à côté de la porte dite *Kara mon.* C'est un présent de l'Impératrice *Tō foukou,* et, c'est la seule qui se trouve dans l'enceinte circonscrite entre *You meï mon* et *Kara mon.* C'est pourquoi on l'appelle la " *la lanterne* ".

Kara mon (PORTE CHINOISE).

Ainsi nommée à cause de sa construction ; cette porte sert d'entrée à la dernière enceinte du temple, à celle qui renferme le sanctuaire et la statue d'*Iyéyasou.* Le toit est en bronze ; il est orné de deux dragons, en bronze également, d'une longueur de 5 *siakou.* Divers autres ornements peuvent aussi passer pour avoir quelque beauté, comme par exemple : les sept dieux du Bonheur (*Sitsi foukou zin*) et les huit génies célestes (*Hassen nin*). la face externe des poutres est faite de bois de chine sculpté en dragons, fleurs de pruniers, etc. les battants de la porte sont également en bois de chine, et supportent des sculptures de pruniers, de chrysanthèmes et de pivoines.

La face interne des poutres et des battants est aussi ornée de sculptures sur bois de chine, d'un intérét aussi puissant, et le plafond du toit est orné de *Mon ;* on y voit aussi des anges jouant de divers instruments de musique.

Tama gaki (PETIT MUR DE PIERRES).

Il commence à droite et à gauche de *Kara mon*, pour faire tout le tour de la chapelle principale. Il a 87 *ken;* les colonnes sont laquées en noir; le haut du mur est sculpté à jour et est chargé de fleurs et d'oiseaux sauvages; le bas représente des plantes d'eau, des oiseaux d'eau et les deux côtés sont sculptés. Derrière la chapelle, il y a aussi une porte, de sorte que celle de l'entrée se nomme : *Kara mon* de l'ouest et celle de derrière : *Kara mon* postérieur ; *Nisi kara mon* et *Oura kara mon*.

— Entre la porte de *Kara mon* et le sanctuaire, il n'y a rien qu'un toit soutenu par des poutres rouges et la terre est recouverte d'un pavage de pierres carrées ; c'est ce qu'on appelle *Ma ro ka*.

Haï den (ENDROIT OÙ L'ON PRIE).

L'entrée fait face au midi ; la profondeur est de 12 *ken* 2 *siakou* 5 *soun ;* la largeur 4 *ken* 5 *siakou ;* la hauteur 3 *ziō* 5 *siakou.*

L'intérieur est grandement et richement décoré d'oiseaux, de de bêtes et de fleurs de toutes sortes ; on y remarque des dragons blancs, des éléphants, des lions sculptés avec beaucoup d'art ; des *Kiri* ou paulownia, des phénix ; pivoines et plantes chinoises se mêlent gracieusement aux chrysanthèmes japonais ; enfin c'est sensiblement le même genre de décorations que celui que nous avons vu jusqu'ici et c'est le même que nous retrouvons dans tous les temples japonais, à peu de différence près. Le soin apporté ici par les artistes à déployer tout leur talent a fait de ce temple de *Nikkō* certainement le plus beau du Japon.

Du *Haï den*, on pénètre dans une petite pièce recouverte de *Tatamis* et appelée *Isi no ma* ou chambre empierrée.

Ce passage d'*Isi no ma* se trouve donc entre le *Hon den* et le *Haï den*. Le dessous est fait de pierres plates sur lesquelles sont alignées des planches de *Momi* (conifère) et par dessus ces planches sont étendus des *Tatamis* bordés de soie. Si, de cet endroit, on regarde, en se courbant un peu, l'entrée du sanctuaire, on aperçoit à gauche et à droite d'un escalier doré une paire de lanternes d'or suspendues, et deux verses de fleurs d'argent pur. Ces vases ont 2 *siakou* 1 *soun* de hauteur comme de diamètre. Le pied est en laque aventurine et orné du *Mon* des *Tokougava* et de différentes fleurs en or. La porte du sanctuaire est toute dorée et brillante et bien faite pour relever l'éclat de cet endroit sacré.

Hon den (SANCTUAIRE).

En sortant de l'*Isi no ma*, on pénétre dans le *Hon den* ou sanctuaire. Il a 7 *ken* 5 *siakou* 5 *soun* de large et une profondeur de 6 *ken;* sa hauteur est de 4 *ziô* 5 *siakou*. C'est ici que se trouve l'image en bois de *Iyéyasou*, qu'on ne montre que fort difficilement ; il faut avoir soin, quand on va visiter *Nikkō*, de se munir d'un permis spécial, si l'on veut pénétrer dans le *Hon den*, chose qui n'est, d'ailleurs, pas permise à tout le monde. Nous ne nous appesantirons pas sur les sculptures et peintures de l'intérieur ; c'est toujours le même genre que précédemment, sauf plus de laque d'or et de cuivre doré : Le *Sanctum sanctorum*, renfermant l'image du grand homme est remarquablement laqué.

Les trésors du temple comptent des collections de livres de prières et de rouleaux de dessins fort curieux et intéressants, ressemblant d'une façon frappante à nos miniatures de livres d'heures moyen âge.

Porte de Saka sita mon.

CONDUISANT À LA TOMBE DE IYÉYASOU.

A droite des bureaux de l'administration du temple, sous la galerie extérieure se trouve une porte peu élevée, laquée de noir et revêtue de bronze par endroits. Cette porte se nomme *Saka sita mon*, mais elle est plus connue sous le nom de porte du chat (*Néko no mon*), à cause du chat endormi sculpté sur la poutre supérieure, juste à l'endroit où se joignent les deux battants. C'est par là que l'on arrive jusqu'à la tombe du grand prince. A peine a-t-on franchi cette porte, que l'on se trouve en face d'un immense escalier en pierres, ombragé de *Souguis* élancés au tronc énorme, et c'est après avoir franchi les deux cents et quelques marches de granit que la tombe, toute de bronze, apparaît.

C'est un petit monument assez semblable à une pagode
bouddhiste en miniature et à un seul toit.   Aucun ornement ne
se fait remarquer ; seuls le brûle parfum, le chandelier et le
vase à fleurs, symboles et ornements d'autels bouddhiques sont
alignés devant le monument.   Un *Tori i* en bronze est placé
devant les cinq ou six marches qu'il faut franchir pour approcher
du tombeau.   Ce dernier, au reste, est entouré d'une grille et on
ne peut le contempler que de loin.

Dans un petit sanctuaire, situé juste en face du tombeau,
se tient ordinairement un prêtre sintoïste.   Deux espèces de
chiens-lions sont, avec lui, les seuls gardiens de ce lieu sacré.   L'un
est un présent de *Matsoudaïra Yémon no taï fou Masatsouna* ;
l'autre a été offert par *Akimoto Tazima no kami Yasoutomo.*

Le tombeau de *Iyéyasou* était autrefois en pierre, on l'avait
construit en la 18.e année de *Kan yé* (1642) avec une pierre
venue tout exprès de l'*Akagui san*, et qu'il n'avait pas fallu
moins de six mille hommes pour amener à destination ; mais ce
monument ayant été détruit par le grand tremblement de terre
qui eut lieu en la 3.e année de *Ten oua*, on le refit en bronze, tel
qu'il est actuellement.

Trésor du temple.

Si l'on en croit les chroniques anciennes, le trésor du temple
de *Tô siô gou* était riche en choses merveilleuses de toutes sortes
et en objets d'art remarquables, à tel point qu'on en ignorait la
quantité ; malheureusement, en la 9.e année de *Boun koua* (1813),
les greniers ont brûlé et presque tout a disparu dans l'incendie.
La liste ci-après donne une idée des objets qui subsistent, mais
ils sont en nombre infime.

    une cuirasse ;

    un grand sabre *Meï : Kokou siou ;*

    un petit sabre *Meï : Siou siun ;*

    un petit sabre *Meï : Bizen kokousoumi ;*

    un poignard sans *Meï* (marque) ;

    un sabre hollandais, offert, sans doute autrefois ;

    une poignée et un fourreau de grand sabre ;

    un parasol de cour ;

    un *Kago* de voyage ;

des ouvrages, et un entre autres, contenant les lois de
Iyeyasou ; quelques illustrations de *Kano Morinobou ;*

un encrier ;

deux coussins ;

un couvercle en laque aventurine ;

des instruments de charpentier ;

douze *gakou* représentant des oiseaux peints, et dessinés ;

un grand chandelier en bronze ;

deux grands chandeliers en forme de *Tsourou.* (grue sacrée);

et quelques autres objets de moindre importance ;

La fête du temple de *Tô siô gou,* en commémoration de
Iyéyasou, a lieu trois fois par an :

le 2ᵉ mois, pour la nouvelle année ; le vrai jour de l'an
japonais se trouvant le 11 février ;—

le 6ᵉ mois pour sortir les châsses en grande procession ;

le 11ᵉ mois pour offrir au dieu les prémisses des fruits de
la terre.

CHAPITRE III.

Fouta hara zin zia.

La vénération qui s'attache à cet endroit a son origine à plus de deux mille ans ; ce fut le fils de l'Empereur *Siou sin* qui, le premier, y fit ses adorations. Plus tard, sous l'Empereur *Heï zeï*, la 3ᵉ année de *Daï dō* (808), cet endroit fut déclaré saint par le dieu *Sia mon siō dō*, et il ordonna d'y construire un temple. Les dieux qui y furent en honneur s'appellent : *O kona moutsi no mikoto ; Tagori himé no mikoto ; Atsi souki taka hiko no mikoto ;* cette année là, la cour y fit ses premières dévotions.

Mais il arriva que, chaque année, par suite de l'inondation, le côté oriental du terrain où se trouvait le temple, s'éboulait, et comme cela constituait un danger pour la construction elle-même, sous le régne de l'Empereur *Nin meï*, la 3ᵉ année *Ka siō* (850), elle fut transportée sur la montagne voisine.

Voici d'après le *Ni hon go ki* les honneurs successifs auxquels ce temple fut élevé :

le 3ᵉ mois de la 2ᵉ année de *Siō oua* (836), au 5ᵉ rang, classe inférieure ; six ans après, au 5ᵉ rang, classe supérieure, puis au 2ᵉ rang du 4ᵉ grade.

Pendant des années ce temple subit toutes sortes de vicissitudes, et la 3ᵉ année de *Kem pō* (1215), *Tazima hō in Bengakou,* ayant obtenu l'autorisation du *Siōgoun* de *Kamakoura,* reconstruisit le monument, qui avait été détruit. A cette époque, en effet, l'Empire n'était pas en paix, et pendant plus de 400 ans la guerre civile régnant sans cesse, ce temple, comme tant d'autres, fut ruiné plus d'une fois.

La 3ᵉ année de *Guen oua* (1619), lors du transfert des cendres de *Tō siō gou,* on releva les ruines ; et la 5ᵉ année de cette ère, on refit complètement à neuf depuis le sanctuaire jusqu'à la porte d'entrée ; de plus, le 3ᵉ *Siōgoun, Iyémitsou,* y apporta des modifications, et le temple est devenu bien supérieur à ce qu'il était autrefois. La 6ᵉ année de *Meï zi* (1873), il fut décrété temple national ; et à partir de cette époque les offices y furent célébrés officiellement.

Sin gou ba ba (Route dite).

Située en dehors du portique de *Tō siō gou* ; conduit jusqu'à
Foutahara yama ; elle a une longueur de 2 *tsiō* environ. On voit,
de ce chemin, le temple de *Tō siō gou* qui s'élève d'une façon
majestueuse. Des deux côtés s'alignent des rangées de vieux
souguis sombres et gigantesques. Ce chemin est si calme et si
poétique, que l'on croirait, disent les Japonais, entrer en paradis
lors qu'on pénètre sous le feuillage de ces grands arbres.

Tori ï en bronze.

Se trouve à l'extrémité du chemin précédent, touchant *Fouta
hara* : 22 *siakou* de haut ; 6 *siakou* 5 *soun* de circonférence pour
chaque colonne. Il est surmonté d'un *Gakou* avec les quatre
caractères *Fouta hara zin zia*, écrits par le Prince *Arisougava*.
— Dans l'origine le *Sin gou* n'avait pas de *Tori ï*. Le premier
fut élevé avec quatre des *Souguis* abattus derrière le *Sam boutsou
dō*, la 8ᵉ année de *Gnen rokou* (1689). Plus tard, pendant l'ère
de *Kan seï* (1789–1800), ce *Tori ï* rustique fut remplacé par
celui qui s'y trouve actuellement.

Sia mou sio.

ADMINISTRATION DU TEMPLE.

L'administration du temple est située à droite, après avoir
franchi le *Tori ï* en bronze ; elle était appelée autrefois *Bettō sio*
et était installée dans le temple de *An yō in* ; un des servants du
temple de *Tō siō gou* en était le chef ; après la révolution de
Meï zi, le bâtiment actuel fut construit et un *Gou si* (prêtre
sintoïste) fut placé à la tête des affaires. Le

Haï den.

Ou salle de l'entrée est tout à côté du *Sia mou sio* et fait face
au sud. Après l'avoir franchi, on arrive à la.

Kara mon.

Qui sépare le *Haï den* du *Hon den*. Sa largeur est de 1
ken ½ ; elle est laquée de noir ; des deux côtés de cette porte

奉冶鑄

新宮御寶前　御燈爐一基

右志者爲二世悉地成就圓滿也利益普及群類矣

正應五年壬辰三月一日

願主　鹿沼權三郎入道敬阿

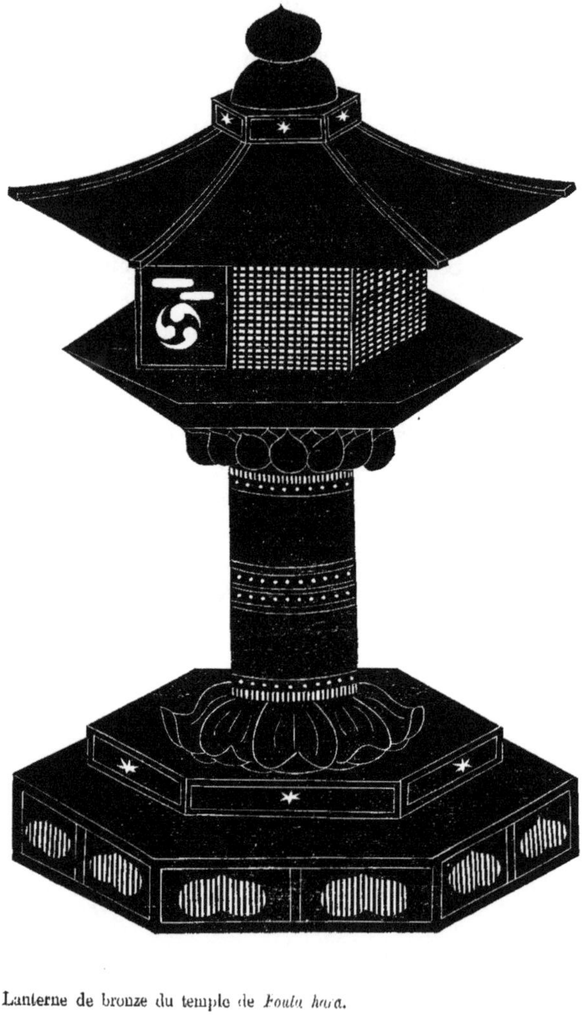

Lanterne de bronze du temple de *Foula hua*.

partent des murs aux toits de cuivre qui ont 15 *ken* de façade et 18 *ken* de profondeur et se réunissent derrière le sanctuaire qu'ils entourent.

Ce dernier a 5 *ken* des 4 côtés : les poutres sont dorées et ornées de fleurs sculptées ; l'intérieur est fort beau ; à droite et à gauche de l'autel principal sont exposés les trésors du temple et de nombreux pélerins viennent visiter cet endroit.

Lanterne de bronze.

Elle est au sud ouest de la porte *Kara mon*, et n'a que 7 *siakou* de haut. On l'appelle généralement *Bake dŏrŏ*. On ne sait pour quel motif, elle est encore aujourd'hui hachée de coups de sabre. Elle fut offerte par *Kanouma Kansabourŏ*, en religion *Niou dŏ kio a*, la 5ᵉ année de *Siŏ hŏ*.

Voici l'inscription qu'on peut y lire : " Offrande respectueuse " au temple de *Sin gou :* une lanterne.

" Celui qui a offert cette lanterne, a été pleinement exaucé " dans les prières qu'il a adressées pour lui et les siens, jusqu'à " la 2ᵉ génération, et il en est profondément reconnaissant. Il " demande que la faveur du ciel s'étende à tous les humains.

" 5ᵉ année de *Siŏ hŏ*, 1ᵉʳ jour du 3ᵉ mois, de l'eau pure du " dragon (1288)."

— On remarque, près du sanctuaire, un conifère dit *Kŏ ya maki* ou le sapin de *Kŏya*. On prétend qu'il a été apporté du monastère de *Kŏya san*, près d'*Osaka*, au temps de *Kŏ bŏ daï si*. Il aurait environ mille ans. Il y a aussi à remarquer trois cryptomérias (*Sam bon sougui*) ainsi qu'un cerisier transplanté du *Nan taï san* et dont les fleurs ont la propriété d'être rouge pourpre.

Si l'on quitte la route qui conduit au temple de *Fouta hara*, et qu'on tourne à gauche, presque devant le temple, on se trouve bientôt après en face de *Siŏ guiŏ dŏ* et *Hokké dŏ*, deux constructions similaires.

La première a 10 *ken* carrés ; juste à l'entrée se trouve la statue de *Yama kozi ;* mais le personnage principal est *Amida ;* à gauche et à droite, sont alignés quatre *Ho satsou mi tan* (saints) ; en bas, également à gauche et à droite, les deux

philosophes *Den guiō* et *Zi kakou*. Au fond, *Ouasiri Daïkokou*
et *Matara zin*. Des deux côtés de la vérandah, des quantités de
petites statues de Bouddhas et de *Bosatsou*.

Ce temple a été élevé par *Zi kakou daï si* sur le modèle de
Hiyé zan. La secte de *Tendaï* s'étant divisée en trois groupes
et la maison des *Siōgoun* de *Kamakoura* se trouvant appartenir
à celui dit *Ziō guiō san maï*, un terrain de quinze *Tsiō* lui fut
cédé dans l'année de *Boun zi* (1185) et de nombreuses richesses
lui furent données ; c'est pourquoi le *Siō guiō dō* était connu
sous le nom de *Yoritomo dō* ou temple de *Yoritomo*. Il se
trouvait autrefois situé sur le terrain où est maintenant le
tombeau de *Tō siō gou*, dont la construction l'a fait déplacer en
l'année de *Guen oua* (1616), et réédifier à la place actuelle.

Le *Hokké dō* est sur la même ligne, un peu à l'ouest. Il a 6
ken carrés. L'image principale du sanctuaire est *Bouken Bosatsou ;* à droite et à gauche, *Ziou ra setsou* et *Kisi mo zin*. Sur
le grand pallier on voit *Siō kouan on* et *Goun da zi miō ō ;*—au
fond, le portrait de *Den kiō daï si*.

> Note :—Dans le temple de *Foutahara*, un grand sabre de *Séno haka ;*
> une hache (*réré*) ;
> un *Biva* (sorte de guitare) ;
> une petite pagode en cristal ;
> le casque de *Koyama ;*
> trois sabres dits *Kasira ;*
> et autres diverses choses.

CHAPITRE IV.

Reï ya.

TOKOUGAVA NO IYÉMITSOU, 3ᵉ SIŌGOUN TOKOUGAVA.

Iyémitsou naquit le 7ᵉ mois de la 9ᵉ année de *Keï tsiō* (1605) au château de *Yédo.* Il entra dans les honneurs la 9ᵉ année de *Guen oua* (1625), fut nommé au 3ᵉ rang et au ministère de l'Intérieur, (*Kouan naï daï zin*). Puis il reçut le titre de *Seï i taï siōgoun* quand, le 1ᵉʳ mois de la 9ᵉ année de *Kouan yé* (1636) le *Siōgoun* pécédent mourut. Il fut un homme remarquable pendant toute la durée de son Gouvernement, bien qu'il n'atteignit jamais à la hauteur de *Iyéyasou.* Il mourut au château de *Yédo,* le 20ᵉ jour du 4ᵉ mois de la 4ᵉ année de *Keï an* (1652) à l'âge de 47 ans et quelques mois. Suivant ses dernières volontés, il fut enterré à *Nikkō.* Cinq de ses fidèles s'ouvrirent le ventre pour ne pas lui survivre.

Niō mon.

PORTE DES NIŌ.

Elle se trouve en face des deux temples de *Ziō gui ō* et de *Hokké* ; et est située au sud est. La largeur est de 4 *ken*, la profondeur de 2 *ken* ; à droite se trouve *Ou hitsou nara on kon go* ; à gauche, *Sa ho min ia kon go*, et c'est pour ce motif que la porte est appelée dorte des deux ō. De l'autre côté de la porte (face interne) on voit également deux ō ; mais primitivement ils étaient au temple de *Tō siō gou* et n'ont été transportés ici que la 6ᵉ année de *Meï zi.*

Pierre pour la purification des mains.

A droite, après avoir franchi la porte précédente. C'est une pierre dite *Mikayné isi*, d'une longueur de 8 *siakou* 3 *soun* et d'une largeur de 4 *siakou* ; la hauteur a 3 *siakou* 5 *soun.* Les poutres de soutien du toit sont également en pierres ; le toit est doré et a été décoré par *Kano Yasounobou.*

Hŏ ko (Trésor).

A gauche de la porte des *Ni ŏ* : la façade a 7 *ken*, la profondeur 3 *ken* ; cet endroit renferme des objets de grande valeur qu'il
n'est pas toujours très-facile de voir.

— Dans les jardins, devant l'entrée du temple, se trouvent les
lanternes offertes par les différents *Daimiŏ* ; il y en a 311, dont
64 en bronze et 244 en pierre.

Ni tem mon (Porte des deux ciels).

Après avoir franchi la porte de *Ni ŏ mon*, on se trouve dans
un jardin qui conduit à gauche à la porte des deux ciels.
(*Ni ten*).

Façade 5 *ken* ; profondeur 2 *ken* ; sur le toit faces interne et
externe, se trouvent des têtes de tapir. Elle est surmontée
d'un *Gakou* qui porte les trois caractères *Daï you in* écrits de la
main même de l'Empereur *Go kŏ meï*.

La structure du toit est remarquable et faite en bois croisé en
façon de croix de St. André ; il y a là des sculptures représentant
des lions et diverses espèces d'animaux et de fleurs.

A droite et à gauche sont les images de *Kŏ mokou ten* et
Zi kokou ten et c'est pour ce motif que la porte est appellée *Ni
tem mon*. De l'autre côté de la porte, face interne, on voit le
dieu du vent peint en vert et le dieu du tonnerre peint en
rouge.

Après avoir franchi la porte de *Ni tem mon*, on monte
quelques degrés et on se trouve en présence de deux clochetons
dont l'une sert à abriter la cloche, l'autre le tambour sacré.
Leur hauteur est de 3 *ziŏ*.

Ya sia mon (Porte des démons).

Nous voici à présent devant une autre porte, la porte d'entrée
véritable du temple principal ; elle est construite sur le modèle
chinois et est ornée sur les deux faces internes et externes de
quatre statues : *Ken dara, Kon dara Ou ma rokou, Afoutsou ma.*
Elle est ornée de lions et de pivoines ; les poutres sont laquées
en rouge et dorées. Elles sont évidées en hexagones sur toute

日光山燈籠銘幷序

曩歲獲聞 日光山中爲 東照大權現廣設道場既已鑄送

法鐘以彰誠孝今又聞 大猷院殿眞宇竝建遂冶成燈籠轉

達靈山用助崇奉之具伋讚永慕之意而爲之銘曰

誕樹功德竝參諸天道塲既闢慧燈方懸範銅作籠

俾護神光爰實法筵吐燄熒煌孝思無方冥福是薦

寶坊長明金輪永轉

乙未年正月日

朝鮮國司憲府大司憲蔡裕後撰

知中樞府事吳竣書

Inscription sur une lanterne envoyée de Corée à *Iyémitsou*.

leur longueur. Les traverses du toit sont recouvertes d'une grande quantité de *Mon*, et les extrémités sont sculptées en forme de tête de tapirs et de lions. Le plafond est fort originalement dessiné en carrés et en ronds sculptés de fleurs de pivoines. Cette porte est vraiment remarquable et paraît faite d'or, tellement sont brillants les reflets du métal qui recouvre les poutres, les sculptures et les ferrures des battants.

Une fois cette porte franchie, on se trouve dans une cour dallée de grosses pierres ; deux couloirs partent de droite et de gauche et conduisent jusque derrière le sanctuaire dont on fait ainsi aisément le tour. Dans cette enceinte s'élèvent de vieux cryptomérias.

Lanterne envoyée de Corée.

Dans l'intérieur de la cour, une fois passé *Ya sia mon*, il y a 22 lanternes, dont deux viennent de Corée. Elles sont l'une à droite, l'autre à gauche de la cour ; leur hauteur est de 1 *ziö* ; elles ont été envoyées la 1ʳᵉ année de *Meï réki* (1655).

Voisi l'inscription qui les recouvre :

" Quand, autrefois, j'ai su qu'on élevait un monument à *Tö* " *siö daï gon guen*, je me suis empressé d'envoyer en offrande " une cloche faite tout exprès. Aujourd'hui apprenant qu'on " construit une temple à la mémoire de *Taï you in*, je " m'empresse également d'envoyer mon humble offrande en " signe de piété filiale. C'est pourquoi j'ai écrit ces quelques vers.

" Sa gloire a empli l'univers ; tout le monde lui a offert des " lanternes, et l'endroit où repose son âme est rempli de lumières.

" Le lieu où l'on se prosterne est obscurci par la fumée de " l'encens ;

" Je désire que le bonheur de *Nikkö* soit éternel et que les " chariots d'or y viennent sans cesse. (chariot d'or=char " impérial)."

— Année de la terre travaillée et de la chèvre, 1ᵉʳ mois.

(L.S.) *Saï yokou*, chef du Gouvernement du royaume de Corée.

Kara mon.

En avant de la porte de *Ya sia mon ;* l'entrée a 1 *ziö* de large ; de chaque côté du toit sont sculptées des grues et des dragons blanes ; sur le devant se trouvent des poutres dorées et sur le côté interne des *Mon* de nombreuses familles féodales. Les battants et les soutiens de la porte sont sculptés de pivoines et autres fleurs, et d'ornements dorés.

Franchissant cette porte et continuant à avancer, on arrive au sanctuaire. On y parvient après avoir passé un mur circulaire recouvert de sculptures sur bois représentant des fleurs et des arbres de toutes espèces. On voit aussi des pigeons qui tous, ont des poses différentes et qui ont fait dire de cet endroit: *Hiyakou ma hiyakou iro.* (c-à-d : cent endroits, cent façons).

Haï den.

L'entrée de la chapelle où l'on fait les adorations est au nord est. La façade a 9 *ken* et il y a 3 *ken* de profondeur. Le toit est orné de pivoines et de lions sculptés. Les poutres sont carrées et recouvertes d'or. On voit aussi parmi les décorations des *Kikous* blancs, des têtes de lions, de tapirs ; d'éléphants.

L'intérieur de cette sorte de chapelle d'entrée a 63 *tatami* ; il est orné d'un plafond fort joli auquel sont suspendues des lampes dorées ; les murs sont très-décorés et on remarque là des présents envoyés de Corée et qui consistent en une pierre de jade, une lanterne suspendue, des instruments de musique.

On dit que les peintures qui décorent cette salle sont l'œuvre de *Tan you* et de *Yasounobou.*

Avant d'arriver à l'autel, on traverse un petit couloir tout sculpté de phénix et orné de diverses lanternes et chandeliers, présents de *Tokougava* et de *Kaga.*

Hon den.

Cet autel, ce sanctuaire plutôt, ne diffère pas beaucoup de celui de *Tō siō gou ;* ce sont toujours les mêmes lacques, les mêmes sculptures, les ornements identiques.

Du *Hon den* pour arriver à la tombe, il faut franchir une porte dite *Kō ka mon,* qui a été offerte autrefois au temple par un empereur. Cette porte, non seulement conduit au pied de l'escalier qui mène au tombeau de *Iyémitsou,* mais sert aussi d'entrée au trésor.

En entrant par la porte de *Kō ka*, on gravit des escaliers qui conduisent directement au petit monument en bronze qui représente la tombe ; mais auparavant, il faut traverser un oratoire dans lequel on trouve, des seaux en bronze où baignent des lotus ; des lanternes, une rangée de plusieurs Bouddhas alignés, et diverses sortes d'ornements offerts autrefois. Cet endroit ressemble en tous points à l'oratoire précédant la tombe de *Iyéyasou*. Il est seulement un peu plus petit et ne possède pas les *Sisi* ou lions, qui se trouvent dans ce dernier.

Abé Kouyen bō hi.

MONUMENT À LA MÉMOIRE DE ABÉ KOUYEN.

Il se trouve dans l'intérieur du *Ni ō mon*, au nord de la pierre d'ablutions, entre le mur de pierres et le temple. C'est la tombe de *Abé Boungo no kami, Tadaaki*. Elle est de simple pierre et est revêtue des deux signes *Kouyen*. Elle est également recouverte d'un toit en pierres octogonal, faisant chapeau et dans lequel existe un trou ne laissant voir que les caractères *Kouyen*.

Abé était un serviteur dévoué du *Siōgoun*, et avait été au service de *Iyémitsou* et *Iyétsouna*, pendant trente ans ; il possédait un revenu de 100.000 *kokou*. Il mourut la 3ᵉ année de *Yen hō* (1676) et reçut le titre posthume de *Tō guen in Ten kokou kouyen daï kozi*, et fut, sur sa demande, enterré dans l'enceinte du temple de *Iyémitsou*.

Tombe de Kazi.

Elle est située non loin de la partie postérieure du temple et sert de lieu de sépulture à *Sa hio yé no ziō, Minamoto no Sadayosi*. La pierre est ronde ; à l'extrémité supérieure se trouve un signe sanscrit ; à la partie inférieure, se lit l'inscription suivante :

Ziou si i gué, Kazi Sa hiō yé no souké, Minamoto no Ason Sadayosi ; Siō kō in guetsou rei yen sin daï kozi.

Sur l'un des côtés se trouve la date suivante : *Guen rokou*, 11ᵉ année, 5ᵉ mois, 14ᵉ jour (1699). Autour de la tombe court une palissade, de pierres également.

Voici d'après *Daï gakou no kami, Hayasi Kō*, un résumé de la vie de ce *Kazi*.

“ *Kazi*, étant tout jeune, était très-studieux et aimait les
“ armes : il avait horreur du plaisir, et il fut, dès son enfance,
“ *Kéraï*[1] du 3ᵉ *Siôgoun*, dont il était très-aimé. Quand ce
“ dernier mourut, il dit à son fidèle : “ Lorsque tu seras mort,
“ je tiens à ce que tu sois enterré près de moi.”—Aussi, quand
“ les restes de *Iyémitsou* furents transférés à *Nikkō*, *Kazi* suivit
“ le convoi, s’installa à *Nikkō* et se construisit une petite maison,
“ non loin de la tombe de son ancien seigneur. Pendant
“ quarante sept ans, tous les matins, à l’aube, dès que les oise-
“ aux se levaient, par le froid et la neige aussi bien que par les
“ temps d’été, ce dévoué serviteur allait prier sur la tombe de
“ son maître. Quand les glaces des montagnes de *Nikkō* gelai-
“ ent son haleine en route, alors qu’il pouvait à peine, tremblant
“ de froid, murmurer des prières, il était quand même debout.
“ Il mourut en la 11ᵉ année de *Guen rokou* (1699) à l’âge de 87
“ ans et fut inhumé près de *Iyémitsou*.”

— Le Prince de *Mito*, dans un livre qu’il a composé, dit
encore : “ On a vu autrefois des enfants prier sur la tombe de
“ leurs parents, mais c’est la première fois qu’un *Kéraï* mani-
“ feste tant de dévouement à la mémoire de son seigneur.” Au
“ moment de mourir, *Kazi* aurait dit : “ Il me semble qu’*Abé*
“ doit être mort à *Yédo*.”—Or, à peine avait on rendu les
“ derniers honneurs à *Kazi*, qu’en effet, les restes d’*Abé* arrivai-
“ ent à *Nikkō*.”

Zi guen dō.

CHAPELLE EN L’HONNEUR DE TEN KAÏ DAÏ SŌ ZIŌ.

Ce saint homme naquit, dit-on, au village de *Takata*, *Aïdzou
gōri*, province de *Osiou*. Son nom de famille était *Mioura*, son
prénom *Ten kaï*. Sa naissance est entourée de merveilleux, et
la tradition rapporte qu’il fut mis au monde dans les circon-
stances suivantes : “ Son père n’ayant pas d’enfants, était très-
désolé, et, tous les mois, priait la lune de lui envoyer un
héritier. Un jour, sa femme rêva qu’elle était enceinte, et neuf
mois après, elle accouchait. Tout petit, *Ten kaï* dédaignait les
jeux et amusements de son âge, et seules, les cérémonies du

---

(1) Vassal.

culte avaient de l'attrait pour lui. À 11 ans, il fréquenta le bonze de son village, qui lui enseigna la lecture des livres sacrés du Bouddhisme. Puis, ayant profité des leçons du Grand Prêtre *Kō sioun sō ziō*, il eut de nombreux rapports avec lui et devint un clerc de talent.

Vers le milieu de l'ère de *Tem boun* (1532–1554), il fut le disciple de *Yen ziō* et *Kō foukou* et apprit le *Sō meï ron* et le *I siki iu meï*, et en la 4ᵉ année de *Keï tsiō* (1600), il alla s'etablir au temple de *Ki ta in*, puis à celui de *Sō kō zi*. *Iyéyasou* appréciait beaucoup la vertu de *Ten kaï*, et le nomma chef de la secte de *Ten daï*. En l'année de *Keï tsiō*, il fut nommé grand prêtre, et s'installa dans le temple de *Bi sia mon* de *Yamasina*, de la province de *Kaï*.—L'Empereur écrivit lui-même un *Gakou* dont il lui fit présent, ce dont ses ouailles se réjouirent grandement. La 18ᵉ année de *Keï tsiō* (1614), il reçut l'ordre d'aller à *Nikkō* où il fut reçu avec les mêmes honneurs que l'eût été le fondateur du temple. La 2ᵉ année de *Kan yé* (1626) le 2ᵉ *Siōgoun Hidétada*, fit construire à *Ouyéno* un temple immense et nomma *Ten kaï* grand prêtre. La 20ᵉ année de *Kan yé* (1643), il fut pris de maladie et prévoyant qu'il allait mourir, ne prit aucun remède, et continua seulement ses prières et ses adorations. Avant de rendre le dernier soupir, il fit appeler ses disciples, et leur dit : " Ne vous affligez " pas des changements de fortune, et des vicissitudes de ce " monde. Appliquez vous seulement à bien remplir votre reli-" gion,"—puis il rendit l'âme. C'était le 2ᵉ jour du 10ᵉ mois. Il avait 106 ans. Un vieux proverbe dit que le sage vit long-temps ; c'est ce qui est arrivé pour *Ten kaï*. La 1ᵉʳᵉ année de *Keï an* (1648), le titre posthume de *Zi guen daï si* lui fut décerné.

Mon ziou dō (PETIT TEMPLE).

Il se trouve entre *Ziō guiō dō* et *Hokké dō*, à environ cent mètres, sur la colline. La porte se nomme *Iri goutsi mon*, ce qui, au reste, veut dire simplement "entrée." Il a 4 *ken* sur 3 ; c'est le vrai sanctuaire de *Zi guen daï si*.

Kou mon ziou dō (Petit temple).

On voit en cet endroit : une lanterne de bronze, sans nom,
présent, dit-on, d'un *Siōgoun* ; un temple d'*Amida* ; un bassin
pour se purifier les mains, mais dont l'usage est actuellement
interdit ; une petite construction contenant une cloche ; un
grenier dit *Kiōzō* où sont renfermés des livres sacrès très-renom-
més, ainsi que l'histoire intérieure et extérieure du Japon.

— Un petit temple en l'honneur d'*Inari* ; 13 lanternes en
pierre, à gauche et à droite, offertes par les *San ké* ou les trois
maisons Siōgounales, et les autres *Daïmiō*.

La salle d'entrée, (*Haï den*), qui conduit au sanctuaire a 5
ken ½ de façade sur 3 *ken* ½ de profondeur. Devant se trouve
un gong en or. Les battants de la porte sont laqués en noir et
ornés de ferrures dorées. Tous les ans, au 10ᵉ nois, l'anniver-
saire de la mort de *Zi guen daï si*, les prêtres se réunissent en cet
endroit et se livrent à des controverses religieuses et à l'explica-
tion des huit livres du Lotus de la bonne Loi.

— Une petite pagode en pierre *Mikagué* de 9 *siakou* de haut.
Devant se trouve une sorte de table en pierre de 4 *siakou* de
haut sur 3 de long. Sur cette table un brûle parfum et un
lion ; à droite et à gauche des vases à fleurs. Les statues de
*Rokou bou ten, Ben den taï siakou, Zi kokou, Rō mokou, Zō tsiō,
Fa mon*. Il n'y a pas de porte d'entrée et il est interdit de
pénétrer jusqu'à la pagode.

— Près du temple d'*Amida*, on peut remarquer un petit autel
autour duquel sont alignées douze petites pagodes en pierre ;
c'est ce qui tient lieu de tombe ; le corps du sage est à *Ouyéno*
(*Yédo*).

An yō zaka (Montée).

Près de *Ziō guiō dō* se trouve une pente qui mène du côté de
Nisi tani ; autrefois, il y avait au bas un petit marais, ce qui
avait fait appeler l'endroit *An yō zava*, d'où le nom de la côte ;
An yō zaka.

Depuis ce temple jusqu'à l'entrée du faubourg occidental de
la ville se trouve une plaine dite *Zen siō zi tani*, la vallée de la
bonne déesse, par ce qu'autrefois il y avait là un temple

consacré au dragon vert (toujours représenté sous l'aspect d'une femme); c'est dans cette plaine que se trouvait autrefois la résidence du *Bouguiō* ou gouverneur féodal, ainsi que les dépendances; mais tout a été détruit par le feu lors de la révolution de 1868.

Adossé à la montagne, à l'entrée de *Iri matsi*, est situé un temple du dragon vert. Lorsque *Kō bō daï si* alla en Chine, il pria le dieu sous la protection duquel était le temple de *Tien taï chan tsing long che*, de faire propager rapidement le bouddhisme au Japon. Quand il fut rentré dans son pays, pour aider à la propagation de la foi de *Sakia;* il fit construire un temple à *Daï gō*, et le plaça sous l'invocation de *Seï riou gon guen*, ou le dieu du dragon vert. Lors qu'il vint à *Nikkō* il fit également élever à l'endroit précité le temple que l'on peut voir encore aujourd'hui.

Nisi matsi.

On appelle ainsi la partie de *Nikkō* qui se trouve à l'ouest des temples; ce village est également nommé *Iri matsi*. Il se compose d'une dizaine de rues, parmi les quelles *Si ken tsiō, Hara matsi, Hon tsiō, Daï kou tsiō, Itahiki matsi;* autrefois, c'était un endroit fort riche et populeux; mais, depuis la révolution de 1868, tout est tombé dans le silence et le village est devenu désert.

Miyō dō in.

RUINES DE MIYŌ DŌ IN.

L'endroit où se trouvait ce temple se nomme *Hara matsi*, et autrefois il s'appelait *Tamosava*.

Son ancien nom était *Boutsou riō zi;* la 7ᵉ année de *Guen oua* (1623), le grand prêtre *Ten kaï daï sō ziō* transporta près du temple de *Hotoké iva* un petite chapelle de *Sakia*, qu'il avait installée dans la montagne. Et la 5ᵉ année de *Kan yé* (1629) il ajouta d'autres bâtisses et donna à l'ensemble le nom de *Miyō dō in.* Cet endroit, autrefois, servait de chapelle à un cimetière. La 18ᵉ année de *Kan yé* (1642), le temple fut transporté où il est maintenant et fut changé en couvent. Toutes les pierres tombales qui se trouvaient dans l'enceinte intérieure ou aux environs de *Tō siō gou* furent transportées sur l'emplacement dont nous parlons, en la 1ère année de *Siō hō* (1644). On appela l'endroit *Séki tō ziō.* Le temple avait un revenu de 200 *kokous*, et un nombre de petits temples inférieurs, d'environ vingt quatre, en dépendaient. *Miyō dō in* était donc une lieu de prières fort apprécié.—Par suite des bouleversements qui se sont succédé, aujourd'hui il ne reste plus rien de sa gloire passée.

Cependant, dans l'enceinte on peut encore voir :

Siaka dō (TEMPLE DE SIAKA).

Dans l'intérieur se trouve une statue assise de *Mon ziou kou guen* et de *San son no Amida,* exécutées par *Yé sin sō dzou* et la statue de *Zi guen daï si* ainsi que les *Ihaï*[1] de *Siō dō siō nin.* Cet autel était autrefois très-fréquenté, et l'encens y brûlait sans cesse.

> Note :—Le *Ihaï* est une tablette de bois sur laquelle le nom posthume et l'époque de la mort d'une personne sont inscrits. Cette tablette est placée dans le petit autel de famille et tous les matins et tous les soirs, des prières et des sacrifices et offrandes en riz, fleurs etc. sont offerts aux mânes du défunt.

Zioun si no bo hi.

TOMBES DES SERVITEURS QUI SE SONT SUICIDÉS POUR ÊTRE ENTERRÉS AVEC LEUR MAÎTRES.

Il en existe cinq à l'ouest du *Siaka dō.* Le noms des personnages sont :

Guen siō in den sin on siou bokou daï kozi,

de son vivant : *Hotta Kaga no kami, Ki no ason Masamori ;*

Hō siō in den zen gan ziō sin daï kozi,

de son vivant : *Abé Tsousima no kami, Fouzivara no ason Siguétsougou ;*

Ri meï in den kō tokou teisō daï kozi,

de son vivant : *Outsida Sinano no kami Fouzivara no ason Masanobou ;*

[1] Tablettes funéraires ou sont inscrits les noms des ancêtres.

Sëi sin in den itsi mon riō saï daï kozi,
de son vivant : *Sayégousa Tosa no kami, Minamoto no ason Moriyosi ;*

Sin siō in ri tetsou guen iou kozi,
de son vivant : *Okouyama Mozayémon no ziō, Fouzivara no Yasousigué.*

— Sur les tombes est inscrite : la 4ᵉ année de *Keï an* (1652).

Il y a aussi plusieurs autres tombes de *Kéraï* mort pour leur maître, et en tout, on peut en compter une trentaine.

Yen meï zizō (GÉNIE PROTECTEUR).

A l'ouest de la porte d'entrée du *Siaka dō*, se trouve un petit temple contenant une statue de *Zizō*, faite, dit-on, par *Siō dō siō nin :* elle était autrefois à *Youmoto*, mais depuis le milieu de l'ère *Siō tokou* (1711-1715), elle a été transportée à l'endroit qu'elle occupe maintenant.

Siō kō zi (TEMPLE).

Dans la rue *Itahiki tsiō :* appelé aussi *Kan guen zan miō gakou in.* C'est le cimetière de *Nisi matsi.* Autrefois ce temple était situé à *Hotoké iva dani* et s'appelait *Siō kō bō.* Vers le milieu de l'ère *Hō yé* (1704-1710), pour un motif quelconque, le temple fut transféré à *Zen niō zi dani.* Tout près du temple de *Hotoké iva*, il y avait un autre temple nommé *Hō ziō in.* Mais l'exposition étant funeste, on le transporta également à *Zin ziō zi dani.* La 11ᵉ année de *Kan yé* (1635), il fut reconstruit à l'endroit qu'il occupe actuellement. Aujourd'hui *Hō ziō in* et *Ziō kō bō* ont été réunis et ne forment plus qu'un seul temple auquel on a donné le nom de *Ziō kō zi.* Parmi les choses précieuses, on voit un *Gakou* de la main de *Kō bō daï si* et plusieurs sculptures remarquables.

Sita gava hara (PETIT VILLAGE).

En partant du bas de la côte de *Nagasaka*, et passant à *Nisi matsi*, on suit une grande route qui longe le *Daï ya gava* et aboutit, au nord à *Minami dani.* C'est là que se trouve *Sita gava hara ;* il n'y a au reste, que quelques maisons et un temple d'*Inari*. A *Nisi matsi* il y avait autrefois une écurie pour les chevaux que l'on offrait à *Tō siō gou*. Il en reste encore quelques ruines.

Tombe d'Akimoto.

Elle se trouve dans l'intérieur de *Siō son in*, à *Minami dani*. Elle est carrée, et faite de pierre dite *Mikagué*. Hauteur 8 *siakou ;* largeur 2 *siakou* 3 ou 4 *soun*. Dans la partie supérieure, on distingue des caractères hindous, et, dans la partie inférieure :

Siō son in dō tetsu daï yen kozi.

Sur la face postérieure : *Akimoto Tazima no kami, Fouzivara no ason Yasoutomo. Kan yé* 19ᵉ année *Midzou no yé mma* (1642). *Ten ziou guatsou* 23ᵉ jour.

— La tombe est entourée d'une balustrade en pierres. Le haut personnage qui repose ici avait été chargé de surveiller la construction du temple de *Tō siō gou* et pendant de nombreuses années avait fait preuve de beaucoup de zéle. Aussi lui fût-il accordé sur sa demande, quand ses services furent devenus inutiles, de rester comme gardien du temple. Il s'installa donc dans la partie de la montagne connue actuellement sous le nom de *Siō son in*, nom posthume d'*Akimoto* lui-même.—Il jouissait d'un revenu de 100 *kokous*.

CHAPITRE V.

Hon gou sia.

TEMPLE CENTRAL SINTOÏSTE.

C'est l'un des trois temples sintoïstes de *Nikkō*. Il est situé entre le *Daï ya gava* et l'*Inari gava* et son entrée fait face au premier. Il est orné de vieux *Souguis* de haute taille. *Siō dō siō nin* avait, d'abord, construit là le temple de *Si hon riou zi*, et, peu après, après avoir choisi un bel emplacement, il fit bâtir *San sia gou guen* qui se trouve être la tête de tous les petits temples de *Sintō*.

En l'ère de *Daï dō* (806), *Tatsibana no Tosito*, sur l'ordre de l'Empereur, reconstruisit ce temple et l'orna d'une façon remarquable. Mais il brûla trois fois; en l'ère de *Meï tokou* 2.ᵉ année, (1392); de *Taï yé*, 2.ᵉ année (1523); et *Yeï rokou*, 5.ᵉ année (1563). Après avoir été rebâti deux fois, en l'ère de *Siō hō* 11.ᵉ année (1648) et *Kam boun*, 4.ᵉ année (1655), l'incendie le dévora encore en la 4.ᵉ année de *Ten oua* (1685); une moitié de la ville alors fut détruite, et c'est là le plus grand incendie qui ait jamais éclaté à *Nikkō*. L'année d'après, le Gouvernement le fit reconstruire, et aujourd'hui ce temple est, pour ainsi dire, la cathédrale des temples Sintoïstes de *Nikkō*.

Kiou bessio.

ANCIENS APPARTEMENTS DU PRÊTRE.

On y parvient en montant, à droite, la colline dite *Hon gou saka*, et en tournant à gauche à peu près vers le milieu de la montée. C'est un bâtiment en bois blanc, qui servait de demeure au personnel du temple.

Niō hō kiō dō (TEMPLE).

A l'est près du *Kiou bessio*. Autrefois, il y avait là les images de *San ziou ban zin* et de *Kiō bin zassou;* mais au moment de la séparation des deux religions sintoïste et bouddhiste, tous les ornements furent transportés à *Si hon riou zi* et aujourd'hui *Niō hō kiō dō* est vide.

Simidzou (Source).

Cette source se trouve sur la hauteur, au dessus du *Bessio* ; elle a été sanctifiée autrefois par *Siō dō siō nin*, quand, pour la première fois, il vint à *Nikkō*. C'est la source réputée la plus pure de tout l'endroit.

Oï kaké isi (Pierre).

Cette pierre se trouve en face de l'entrée du temple, un peu à gauche. Elle a reçu son nom de ce que le prêtre *Fouyou miné guiō sia* étant venu à *Nikkō*, avait, pour se reposer, déposé à côté de cette pierre, son fardeau. Cette action du saint homme rendit la pierre célèbre.

Hon sia haï den (Chapelle).

Les toits sont en cuivre et laqués de rouge ; le *Hon sia* est entouré d'un mur de pierres qui le ferme complètement ; derrière s'élève une pagode, le

San sō tō (Pagode).

D'après la tradition, cette pagode a été construite par *Minamoto no Sanétomo, Siōgoun*. Elle se trouvait d'abord, aux environs de *Tō siō gou*, et *Matsoudaïra Masatsouna* la fit transporter à l'endroit où elle se trouve actuellement. Elle fut brûlée lors de l'incendie de la 4ᵉ année de *Ten oua* (1685) et fut reconstruite depuis.

San men daï kokou no Mokou zō.

STATUE DE DAÏ KOKOU.

Elle se trouve tout près de da pagode précédente ; elle était antérieurement, près du *Bessio* et a été faite d'après la statue qui se trouve à *Hiyé zan* (*Kiōto*) par *Den kiō daï si*) qui l'avait placée dans les apportements des prêtres de *Nikkō*.

Si oun séki.

PIERRE AUX NUAGES VIOLETS.

Près de la pagode, au sud-ouest.   C'est une pierre de 4 *siakou*, de diamètre ; autour, court une barrière de bambou.   On prétend que la déesse *Kouan on* avait l'habitude d'y faire des apparitions, et que, pour ce fait, cette pierre a été nommée *Sioun séki*, parce que, lors des apparitions de la déesse, la pierre était entourée de nuages violets, et pourpres.

Si hon riou zi (TEMPLE).

Se trouve à l'ouest de la pagode.   Il n'y a rien de remarquable dans la construction qui est faite de simple bois.   On y voit la statue de *Sen jiou daï si*, au milieu ; à gauche celle de *Go daï son* et à droite celle de *Siō dō siō nin*, faite par lui-même. C'est ici qu'a commencé le bouddhisme, à *Nikkō*.

La tradition rapporte qu'avant que le Bouddhisme ne devienne florissant au Japon, le dieu apparaissait constamment là.   Dans une de ses apparitions, il dit ;" A l'est se trouve *Seï riou* ; au sud *Siu ziakou ;* à l'ouest *Biakkō ;* au nord *Guembou.*" *Siō dō siō nin* comprit la parole du dieu et fit bâtir le temple qu'il appela *Si hon riou zi* c'est-à-dire des 4 dragons.   Pendant l'ère de *Daï dō* (806) *Tatsibana no Tosito*, sur l'ordre de l'Empereur, le reconstruisit magnifiquement et après bien des vicissitudes il est resté tel que nous le voyons.

Ii sin in (TEMPLE).

A l'ouest de *Si hon riou zi*, dans la vallée de *Higasi yama*. Autrefois il s'appelait *Hasimoto bō*, mais changea de nom lors de la 2ᵉ année de *Siō hō* (1646).   *Siō dō siō nin* n'avait, d'abord, élevé là qu'une petite chapelle ; il y a encore dans le jardin, une pierre sacrée qui a 4 *siakou*, et où *Siō dō siō nin* avait l'habitude de s'agenouiller pour prier.   Il existe aussi une autre pierre, appelée pierre de l'encrier, parce que le saint homme avait enterré là son encrier et avait mis une pierre dessus pour marquer l'endroit.—On peut voir également une petite pagode à cinq étages, en pierres, œuvre de *Nin tsiō sō*, elle a plus de mille ans d'existence.

Ko dama dō (Temple).

A *Hotoké iva dani*. Construit par *Kō bō daï si*. La tradition
rapporte que le saint homme, ayant prié pendant sept jours à
Taki o, vit au bout du septième jour, sortir de l'eau des perles
comme des étoiles. Le saint fit construire un temple, y plaça
les perles, et lui donna le nom de *Ko dama dō* ou temple des
petites perles.

Tombe de Hikosaka Mitsoumasa.

Également à *Hotoké iva dani ;* dans l'enceinte de *Go kō in ;* la
pierre est carrée et a une hauteur de 4 *siakou* 7 ou 8 *soun*. Au
milieu, on lit *Go kō in den séï sō kozi*. A droite et à gauche ;
Kan yé 9ᵉ année (1633), *Mizounoyé mma ;* 2ᵉ mois 29ᵉ jour.
Celui qui repose là, s'appelait, de son vivant *Kou keï* et était
Bou guiō, (gouverneur), quand *Iyéyasou* habitait *Sourouga ;* puis
il parvint au grade de *Karō* de *Kisiou*. A la mort de *Iyéyasou*,
ce serviteur fidèle quitta son emploi, se fit raser la tête et vint à
Nikkō. Devenu bonze, tous les jours il allait prier sur la tombe
de son maître. *Zi guen daï si* lui donna le nom de *Go kō in* et
à sa mort, ses confrères en religion firent élever, sur l'emplacement de sa petite maison, un temple qu'ils nommèrent également *Go kō in*.

Tombe de Kio bin Zassi.

Cette tombe formait un petit monticule et se trouvait autrefois près de *Daï rokou in ;* on l'appelait *Zasou no haka ;* il était
interdit d'en approcher avec des choses impures. C'était tout
près de la tombe de *Siō dō siō nin*, et il y avait beaucoup de
petits bambous. Quand *Tō siō gou* fut transporté à *Nikkō*, on
avait d'abord songé à enlever la tombe ; mais on n'osa le faire à
cause du caractère sacré dont elle était revêtue. *Kio bin* reçut
de l'Empereur le titre de *Zassou ;* c'est pourquoi il est plus
honoré aujourd'hui que *Siō dō siō nin* qui est appelé seulement
Kaï sō, c'est-à-dire l'ancêtre qui a ouvert la montagne.

La vallée se nomme *Hotoké iva dani* on vallées des pierres
(en forme de) Bouddhas, parce qui'il y a là plusieurs rochers,
qui, paraît-il, ressemblent assez à des Bouddhas.

Kaï san dō (Temple).

Temple de *Siō dō siō nin ;* appelé aussi *Zi zō dō.* Se trouve derrière *Tō siō gou,* dans la vallée de *Hotoké iva ;* il fait face à l'est et a six *ken* de chaque côté ; on peut l'ouvrir de tous côtés ; l'intérieur est dallé ; à l'entrée il y a un *Gakou: Kaï seï in,* écrit par un prince impérial. Au milieu se trouve une statue de *Zi zō bosatsou,* de 5 *siakou* de haut, œuvre de *Oun keï.* Dans une petite chapelle, on voit une image de *Siō dō siō nin ;* à gauche et à droite, les dix disciples. C'est un endroit très-vénéré.

Le livre intitulé *Sō sō kon ri tsouki* dit : *Siō dō siō nin* naquit dans le canton de *Hoga,* province de *Simodzouké.* Son nom était *Ouakata.* Ses ancêtres descendaient de *Iké haya ouaké no mikoto,* 9ᵉ fils de *Ikou tamé iri hiko, Isatsi no tennō* de la 11ᵉ génération des génies terrestres. Le nom de son père était *Taka Fouzi no souké.* Comme ce dernier n'avait pas d'enfants, il allait souvent au temple de *Idzourou no kouan on,* adresser ses prières afin d'obtenir du ciel une progéniture. Or, un soir qu'il revenait de prier, il aperçut en songe un serpent blanc long de trois *siakou,* tenant un vase d'or qu'il lui donna. Ce vase était fait de huit feuilles de lotus repliées ; dans l'intérieur se trouvait une perle. Un cordon en liane de glycine l'entourait. Peu de temps après, sa femme devint enceinte et le 21ᵉ jour du 4ᵉ mois de la 7ᵉ année de *Tem peï,* un enfant lui naquit (736). Cet enfant fut appelé *Fouzi ito ;* (fil de glycine) dès sa plus tendre enfance, il ne faisait, pour se distraire, que fréquenter les temples, prier et s'occuper de choses religieuses, loin de s'amuser avec ceux de son âge, qui l'avaient, au reste, appelé *Kiō zi,* c'est-à-dire "qui va toujours à l'Eglise." A l'âge de sept ans, il préparait lui-même, sur l'autel, les fleurs et l'encens et, un jour, un ange lui apparut et lui dit : "Je suis "*Seï siou meï seï ten siou ;* puisque tu te donnes ainsi à la cause "de la sainte religion, je te gratifierai du pouvoir de devenir "savant, même sans maître, et tu auras la science infuse."— Quand il eut atteint l'âge de 20 ans, en l'année de *Tem peï siō hō* 6ᵉ (756), il se sauva, la nuit, en cachette, dans une caverne à *Idzourou,* et ne cessa de prier *Kouan on* et de méditer sur les livres sacrés. Au bout de trois ans, il se réfugia dans une immense grotte à *Otsourogui miné*. (*Tem peï hō zi* 1re année, 757). Il y resta également trois ans, et la 5e année (762) de la même ère, il entra au monastère de *Yakou si déra*, canton d'*Oyama*, province de *Simodzouké* et s'y rencontra avec *Ziō ï sō tō* et *Keï oun ri si* deux chinois de *Yang tchéou*, qui lui enseignèrent la loi. Quand il eut atteint sa 27e année, il fut ordonné bonze et eut les cheveux rasés à *Yakou si déra*, il reçut les 10 commandements et les 72 préceptes, et prit le nom religieux de *Guen tsiō*, plus tard il le changea en celui de *Siō dō*. La 1re année de *Tem peï zin go* (765), à l'âge de 31 ans, il quitta *Yakou si déra* et retourna à *Otsourogui miné*. La 2e année, 3e mois, étant monté sur l'endroit le plus élevé de la montagne, et ayant examiné les quatre points cardinaux, il vit les montagnes du nord couvertes de nuages, de toutes couleurs ; trouvant ce fait extraordinaire, il résolut d'aller dans la direction de ces montagnes et arriva ainsi à *Nikkō*. Là il trouva une grande rivière qu'il ne put franchir qu'avec l'aide du dieu comme nom l'avons déjà vu.—Un soir, un homme, de forme étrange, lui apparut et lui raconta l'histoire de cet endroit. C'est pourquoi, il construisit un temple qu'il appela *Si hon riou zi*. La 1er année de *Zin go keï oun* (767), ayant eu l'idée de monter sur l'endroit le plus élevé, il arriva à un lac immense et se fixa sur un endroit du rivage ; là il se livra à des pratiques pieuses. Au bout de quelque temps, il voulut aller jusqu'au sommet, mais la route était tellement pénible, le tonnerre grondait avec un tel fracas, qu'il fut obligé de revenir sur ses pas. Il resta ainsi quatorze ans à *Hon riou zi*. La 1ère année de *Ten nō* (781), il voulut encore essayer, coûte que coûte, de gravir le sommet de la montagne, il ne le put ; mais la 2e année de la même ère, il prit avec lui beaucoup de ses disciples et monta, en priant, pendant sept jours. Il fut grandement réjoui d'être arrivé à ses fins, et, au bout de quelque temps, revint à *Hon riou zi*.

La 3e année de *Yen réki* (784), il revint au lac, et construisit un bateau de 3 *siakou* de large sur 2 *ziō* de long ; au moyen d'une gaffe, il fit le tour et se rendit à *Outa no hama* ; il eut là l'apparition d'un *Ziō zin* (sorte de génie). Puis il se dirigea à l'ouest du lac, et vit une *Kouan on*. Au 5e mois, après s'être concerté avec ses disciples, il fit élever sur les bords du lac un petit temple qu'il nomma *Tsiou sen zi*.

La 7ᵉ année de *Yen réki* (789), sur la rive méridionale du lac, il fit élever une petite maison et se confina dans la retraite, priant et méditant. En face de sa demeure, il y avait une petite ile où il se réfugia pendant quelque temps. Il y fit pénitence, et adressa au ciel des vœux pour la prospérité de l'Empereur et de l'Empire. *Kasiva bara* ayant appris les actions de ce saint homme, le nomma grand prêtre de *Kōdzouké*. Aussi *Siō dō* donna à son ile le nom de *Kōdzouké zima*. La 2ᵉ année de *Daï dō* (808), la sécheresse était telle qu'il n'était rien poussé, ni orge, ni riz. Aussi le seigneur du pays fit-il demander au saint de prier pour obtenir de la pluie. *Siō dō siō nin* gravit alors le sommet extrême de la montagne et alla jusqu'à *Yéziri daki*, adresser ses prières au ciel. Une pluie bienfaisante tomba sur la terre, et, à dater de ce moment, le feudataire de l'endroit fit vœu d'offrir à *Tō siō gou* les prémices de ses récoltes. C'est de là que date la richesse de *Nikkō*. Vers le milieu de l'ère *Daï dō*, le saint revint à *Hon riou zi* et passa son temps dans la retraite. La 7ᵉ année de *Kō zin* (817) il se rendit à *Tsiou zen zi* et resta sept jours en prières. Un soir, il vit apparaître trois dieux. L'un ressemblait à une femme et portait une couronne de jade ; un autre était vêtu d'un simple manteau et portait une sorte de coffre en bambou. Le 3ᵉ avait un costume de chasseur et était muni d'armes. Ils étaient tous trois accompagnés d'une suite considérable de dieux qui paraissaient être leurs serviteurs. Ils s'adressèrent en ces termes au saint homme : " Nous sommes les génies de la " montagne et nous t'avons depuis longtemps choisi pour être " l'initiateur de la doctrine. Nous serons toujours prêts à pro- " téger le Bouddhisme et à t'aider à faire pénétrer ses préceptes " dans les cœurs." Puis la vision s'évanouit. Trois jours après, le saint quittait *Tsiou zen zi* et revenaît à *Si hon riou zi*. La même année il choisit, près de ce temple, une caverne qu'il nomma *Ki fou i sio* et déclara vouloir y mourir. La 8ᵉ année de *Kō zin*, 3ᵉ mois, 1ᵉʳ jour, (818), il s'y éteignit, en effet, entouré de ses disciples. Il avait 83 ans.

Tombe de Siō dō siō nin.

Derrière le *Kaï san dō*; elle est entourée d'un mur de pierres.
Sa hauteur est de 5 *siakou*. On voit, à côté, la tombe de
quelques uns de ses disciples ; sur la route se trouve une statue
brisée de *Rokou bou ten*, qui, autrefois, était dans le sanctuaire.

San no miya.

TEMPLE DE L'ACCOUCHEMENT.

On ne sait pas exactement sous quelle invocation était placée
cette chapelle, peut-être était-ce sous le patronage de *Kouan on*.
Elle se trouve au sud des *Kaï san dō*, est entourée d'un mur de
pierres et est precédée d'un *Tori ï*. La tradition rapporte que
les femmes enceintes écrivaient sur une pièce d'échec les mots
Kiō sia 香車 et l'offraient au temple, afin d'obtenir un accouche-
ment facile. C'est ce qui explique la présence, en cet endroit,
d'une quantité d'échecs. A quand remonte cette coutume, il est,
bien difficile de le savoir. Tout près de là, se trouvent deux
pierres remarquables, l'une ayant les organes mâles, l'autre les
organes femelles. On retrouve ici comme partout dans les pays
d'orient, cette dévotion aux principes de la reproduction, mani-
festée toujours avec un grand déploiement de formes extéri-
eures.

Chemin de Taki no ō.

Depuis *Mihasi* jusqu'au temple de *Taki no ō*, il y a 18 *tsiō* ;
on y arrive en gravissant *Nagasaka* et en suivant la route droit
devant soi, on passe à l'est de *Hom bō* et devant la porte de
l'ancien *Daï rakou in*. De là on tourne à droite ou à gauche et
on arrive devant *Kaï san dō*. Si l'on continue à monter 8 *tsiō*,
on trouve une allée de pierres. A gauche, on est derrière la
tombe de *Iyéyasou* et à une hauteur de plus de 10 *siō* ; à droite,
coule l'*Inarigava* ; de vieux *Souguis* entremêlés d'autres arbres,
forment une voûte épaisse et empêchent de voir le soleil ; aussi,
bien qu'il fasse très-chaud, en été, il fait, en cet endroit,
toujours frais, même au milieu du jour.

Ten zin sia (Temple).

Sur le flanc de la colline qui conduit à *Taki no ō*, à gauche. Ce temple est fait de petites pierres, et entouré d'une enceinte de pierre également. Une grande porte s'ouvre à la partie postérieure. Sur l'un des côtés, on lit l'inscription suivante ;

1ʳᵉ année *Kam boun* (1661) *Midzounoyé ousi*, 2ᵉ mois, 25ᵉ jour.

Construit par *Sougavara Otori Hō guen Si you*, descendant des Empereurs à la 29ᵉ génération (Il y a un caractère d'effacé).

Té kaké isi (Pierre).

Cette énorme pierre se trouve à côté de la route qui mène à *Taki no ō* ; la tradition est muette sur le motif qui a fait donner à cette pierre le nom qu'elle porte et qui signifie proprement : pierre qu'on touche avec la main.

Sin mé no hi.

TOMBEAU DU CHEVAL DE IYÉYASOU.

A droite en allant à *Taki no ō* ; hauteur : 4 *siakou* 5 à 6 *soun* ; largeur : 1 *siakou* 2 ou 3 *soun*. Devant se trouve une inscription sur laquelle on peut déchiffrer avec peine : " Ce cheval, en l'année 5ᵉ de *Kéï tsiō* (1600), a servi à *Iyéyasou*, au combat de *Sékigahara*." Il est venu à *Nikkō*, un an après la mort de son maître ; il avait alors 14 ans ; il est mort en l'ère de *Kan yé*, *Kanoyé mma* (1624–1743), à l'âge de plus de 30 ans, ce qui est remarquable pour un animal de son espèce. Ce monument lui a été élevé par *Kazi*, *Kéraï* de *Iyéyasou*, et spécialement chargé des soins à donner à ce cheval.

Ii mori sougui (Cryptoméria).

Ce *Sougui* se trouve sur le côté de la route qui mène à *Taki no ō*. Il a 2 *ziō* 8 *siakou* de tour ; il est excessivement vieux et ses branches sont en partie cassées et vermoulues. En avançant de quelques pas, on se trouve en présence des ruines d'un *Tori ï*, qui, autrefois, était le *Tori ï* d'entrée de *Taki no ō*.

Taki no ō sia.

EN L'HONNEUR DE TAGOKORO HIMÉ NO MIKOTO.

Ce temple a été élevé par *Kō bō daï si.* La tradition rapporte que ce saint ermite, arrivant à *Nikkō* la 11ᵉ année de *Kō zin* (821), pour la première fois, se rendit à *Si hon riou zi.* Là, il trouva deux disciples de *Siō dō siō nin,* nommés *Kō bin* et *Dō tsin* et alla avec eux à *Taki no ō.* Ayant trouvé l'endroit fort remarquable, il construisit un petit ermitage sous le grand *Sougui,* et s'y livra à des exercices de piété. Un jour, un ange lui apparut et lui dit de transporter son image à *Tsiou zen zi,* et de laisser le temple de *Taki no ō* ouvert à la dévotion des fidèles. Il y installa alors un superbe *Gakou* avec les caractères *Niō taï tsiou gou.* Le 12ᵉ mois de cette même année, s'étant rendu à *Kiōto,* il demanda à l'Empereur *Saga tennō* de mettre ce temple sous sa protection et lui donna le nom de *Go gan zi.*

Go o hasi (PETIT PONT).

En descendant, près du bas de la cascade, se trouve un petit pont de pierre, et à gauche, tout près de là, on voit un petit temple de *San ō.*

Fou dō dō (TEMPLE).

Ce temple se trouve à gauche de la route, au bas de l'escalier de pierres. La statue de l'intérieur a 2 *siakou.* A gauche et à droite sont deux *dō zi,* faits par *Oun keï.* Si on monte les escaliers jusque vers le milieu, on voit une statue de *Fou dō* en pierre, haute de 1 *siakou* 5 *soun ;* à côté, il y a aussi deux petits temples, *Mikasa* et *Akakoura.*

Cascade de Taki no ō,
dite aussi Sira ïto.

Elle a une hauteur de 2 *ziō,* et tombe du rocher au nord ouest de *Fou dō.* C'est une cascade fort renommée ; elle est petite, il est vrai, mais on ne manque jamais de la citer comme l'une des beautés de *Nikkō.* Le nom qu'on lui donne quelquefois "*Sira ïto*" ou fil blanc, vient de ce qu'elle paraît ressembler à un échevau de fil blanc ; on la nomme aussi *Sõ men daki*, peut-être par ce que de l'autre côté de la colline se trouve la vallée de *Sõ men* (sarrasin).

Sur le haut de la colline, au dernier degré de l'escalier, se trouve un vieux bâtiment assez vermoulu renfermant quelques idoles non moins vieilles. Autrefois c'était là la remise des instruments et décors servant aux fêtes de *Nikkõ zémé*. Ces fêtes tirent leur origine de cette légende. Un *Dzi zõ* (génie) ayant pris forme humaine, était descendu à *Nikkõ* et avait demandé à manger du *Sõ men* (sarrasin). On l'en avait tellement bourré que c'était un supplice (*Sémé*) pour lui.—Il paraît que la coutume est demeurée à *Nikkõ*, de faire manger le plus qu'on peut l'hôte qui vous arrive.

On voit, près de là, un petit temple de Bouddha, *Niõ hõ kiõ dõ*: une pierre, sur laquelle *Kõ bõ daï si* s'étant reposé, vit apparaître un ange ; un *Tori ï* en pierre.—Dans l'enceinte se voit aussi, une pierre, qui avait, dit-on, la vertu, lors de la fête de *Nikkõ zémé*, de faire revenir à eux les gens évanouis.

Le sanctuaire est supporté par des colonnes dorées ; la porte est laquée en noir et revêtue de différents ornements en cuivre doré.

A l'ouest du sanctuaire, dans un petit temple séparé, *Hon zi dõ*, sont les statues de *Amida*, *Kouan on*, *Sëi si*. Dans un autre, *Sen ziou dõ*, la statue de *Ziõ rakou*, faite par *Kaï sõ ziõ nin*.

Petite pagode en fer.

La hauteur est de 1 *ziõ* : elle contient l'image de *Fou guen*. On peut y lire l'inscription suivante :

" Cette petite pagode en fer a été offerte au temple de *Taki* " *no õ* par le prêtre *Hõ in siõ sen Boun guetsou dõ*, du temple " de *Kõ miõ in*."

2ᵉ année de *Boun meï*, *Kanoyé tora*, 3ᵉ mois, 12ᵉ jour (1471).

L'artiste qui l'a fondue est *Yamato tarõ*, *Mounéhiro d'Outsou-no miya*.

Les trois sapins.

Au fond de la cour du temple sont trois sapins entourés d'une barricade en pierres ; on ne peut plus lire les inscriptions ; tout est couvert de mousse. On dit que *Taki no ō gon guen* est apparu en cet endroit. La tradition rapporte que ces arbres datent du temps des *Kami*. Celui du milieu a été renversé par une tempête au temps de *Guen rokou* (1691) 3e année, 8e mois ; celui de droite, en l'ère de *Yen kiō* (1748) 4e année, 8e mois ; celui de gauche est tombé de lui-même en l'ère de *Kan yen* (1750) 2e année, 6e mois. On peut voir encore les trois troncs, qui ont chacun 3 *ziō* de tour et dans les déchirures desquels d'autres jeunes *Souguis* ont poussé.

Hi séki (INSCRIPTION).

Elle a été placée là par *Mori Sioken*, savant du clan de *Mito*.

Saké no Idzoumi.

SOURCE DU VIN.

À l'ouest des trois sapins ; au milieu du lac se trouve une petite chapelle de *Ben zaï ten* on dit qu'autrefois est sortie de là une source de *Saké !!* (vin de riz).

Ko dané isi (PIERRE).

C'est une pierre située à peu de distance de là et où les femmes stériles vont faire leurs offrandes afin de devenir fécondes. Le nom de la pierre signifie, au reste : pierre de le graine d'enfants.

Souzi kayé basi (PONT).

Petit pont sur une source d'eau potable, non loin de là, au bas de la route, sur les confins de *Taki no ō*. De là, en traversant le pont, on arrive à *Guiō sia dō*.

Ce temple est sur la montagne qui conduit à *Fouta hara ;* sous l'invocation de *Yen no Siō kakou ;* à droite et à gauche, deux diables, *Zen ki* et *Go ki*, faits par *Oun keï*. C'est l'endroit on les bonzes qui voulaient faire des études sur la religion, venaient tout d'abord.

Ten gou dō (TEMPLE).

Ce temple est sur la montagne de *Fouta hara*. Il est rempli de peintures représentant des *Ten gou,* d'où son nom. La tradition rapporte que le *Siōgoun,* ayant à demander quelque faveur au dieu, fit faire ce temple en son honneur et en donna la charge à *Ten kaï sō ziō. Zi yé daï si* l'acheva et le consacra. Aussi l'appelait-on autrefois *Zi yé daï si dō.* Personne n'était autorisé à y faire ses dévotions.

CHAPITRE VI.

Inari gava (RIVIÈRE).

Cette rivière prend sa source à *Nana taki*, cascade tombant du *Niō hō san*, et, tournant autour de la montagne de *Toyama*, elle se jette dans le *Daï ya gava*. Bien que les eaux en soient, en général, fort basses, dès qu'il pleut et qu'elles augmentent, le torrent devient terrible et entraine souvent les maisons. Ainsi, vers le milieu de l'ère de *Tem boun* (1532–1554), il y eut une inondation tellement grande qu'on l'appela *Siraga midzou* c'est-à-dire "eau des barbes blanches," parce que les vieillards eux-mêmes ne se rappelaient pas un pareil ravage. En la 2ᵉ année de *Kam boun* (1662), au 6ᵉ mois, la pluie tomba en grande abondance et le *Daï ya gava* ainsi que l'*Inari gava* débordèrent. L'*Akanagui yama* s'écroula et d'énormes pierres s'en détachèrent. *Inari matsi* perdit trois *Tsiō; Hagui gaki matsi, Kōzi matsi*, la maison de l'*Ométsouké* et plus de trois cents maisons furent détruites ; quelques centaines de personnes perdirent la vie. De malheureux voyageurs furent noyés.—La 3ᵉ année, 6ᵉ mois de *Ten oua* (1684), l'*Inari gava* amena tellement de pierres à son embouchure que le cours du *Daï ya gava* fut intercepté. Les eaux passèrent sur le pont de *Mihasi* dont les balustrades furent emportées. Il y eut encore un grand nombre de désastres, dûs aux inondations, mais il serait trop long de les rappeler tous.

Toyama (MONTAGNE).

Petite montagne que l'on voit de *Mihasi* juste en face, sur la rive nord de l'*Inari gava*. La hauteur, depuis le *Tori ï* qui se trouve au bas, jusqu'au sommet, est de 6 à 700 mètres. Sur le flanc de la colline, la route est peu praticable ; en haut se trouvent un temple de *Bi sia mon* et un hangar pour les pèlerins. Derrière, on voit un réduit en pierres que l'on prendrait pour le sanctuaire et où se trouvent une quantité de pierres alignées. Comme il n'y a pas beaucoup d'arbres, on peut voir jusqu'à plusieurs lieues. L'un des *Siōgoun*, pour ce motif, après avoir fait l'ascension de *Toyama*, nomma la colline *Yen bō daï*, c'est-à-dire colline d'où l'on voit au loin.

Kō oun retsou in (TEMPLE).

Sur la rive nord de l'*Inari gawa*; appartient à la secte de *Ten daï*. *Kō kan hō sinnō*, le premier, l'a fait élever en l'ère de *Kiō hō* (1716–1735) et le bonze *Guen mon hō siō* l'a consacré. A la porte se trouve un *Gakou* avec les caractères *Mon koun kakou*; la chambre où se trouve le Bouddha se nomme *Hi kō den*; il y a là un grenier (*Koura*) rempli de livres sacrés et surmonté du *Gakou: Kakou hō sō*. C'est très-éloigné des habitations et les arbres y sont en grande quantité. L'endroit est calme et tranquille.

Ogoura yama (COLLINE).

S'élève en face de l'endroit précédent; elle n'est pas très-haute; mais au sommet poussent des arbres d'essences diverses et la vue en est remarquable. Les montagnes de *Nikkō* sont généralement remplies de pierres et arides; celle-ci, au contraire, est fort agréable à monter. On dit que parmi les huit merveilles de *Nikkō*, la vue que l'on a du *Ogoura yama* est la première.

Kiri fouri taki (CASCADE).

Cette cascade se trouve à *Tokono moura*, à une distance de 1 *ri*, 15 *tsiō* de *Hatsi isi matsi*; la route est fort agréable à suivre, surtout dans la seconde partie, où l'on se trouve abrité par le feuillage; on arrive ainsi à un endroit nommé *Bō rō daï*, d'où on a la vue d'ensemble de la cascade. S'il l'on veut aller tout à fait au bas, il faut descendre par un petit chemin fort étroit et un peu pénible.—La cascade se divise en deux; *Itsi no taki*; 13 *ziō* de haut sur 8 *ken* de large; *Ni no taki*: 13 *ziō* de haut sur 10 *ken* de large; C'est une grosse roche qui divise le courant en deux; l'écume est si forte qu'on disait un nuage.

Taï naï taki (CASCADE).

Au dessus de *Kiri fouri* à 10 *tsiō*; la hauteur est de 5 *ziō*; sa largeur de 3 *ken*. Elle ressemble à *Kiri fouri*, mais elle est plus petite. Elle forme le cintre : c'est pourquoi, dit-on, on la nomme *Taï naï* (enceinte). L'eau tombe dans un bassin et y prend une belle couleur verte.

C'est cette cascade qui donne naissance à celle de *Kiri fouri* et il est fort probable que c'est de là que lui vient son nom de *Taï naï*.

Namé kava no taki (Cascade).

Cette cascade se trouve à *Kō biakou moura*, au bas du courant de *Kiri fouri*, à une distance de 1 *ri* de *Nikkō*. La cascade est à pic ; elle a 2 *ziō* de haut sur 16 *ken* de large. C'est la cascade la plus renommée de *Nikkō*. L'eau en est très-claire et limpide. Au reste, soit en haut, soit en bas de la cascade, le torrent est peu profond et on le traverse facilement avec l'eau à mi-jambe.

Ikou oka zin zia.

EN L'HONNEUR DE

HADZI HIKI TAKA HIKONÉ NO MIKOTO.

A l'ouest de *Nana sato moura*, sur la grand route, se trouvent deux poteaux de pierre indiquant le chemin de *Ikou oka daï nitsi dō*. Si on continue pendant deux ou trois *tsiō*, on arrive au temple.—D'après la tradition, quand *Kō bō daï si* vint à *Nikkō*, il s'arrêta là pour la première fois ; il s'y installa un petit ermitage et s'y livra à toutes sortes de pratiques pieuses. Il tailla lui-même dans le bois la statue de *Daï nitsi nio raï* et la mit dans un petit temple. Plus tard, le temple fut agrandi, embelli et put servir de demeure à plusieurs prêtres. Il fut appelé alors *Ikou oka daï nitsi dō*. Aujourd'hui, tout ayant été détruit, il ne reste plus que le *Daï nitsi dō*. De plus, les grands arbres qui se trouvaient à l'entour sont tombés, et, seul, reste le petit temple rouge où est enfermée la statue du Bouddha.

San ō sia (Temple).

Au village de *Nogoutsi*, tout près de *Sitsi ri moura*, au sud de *Ikou oka daï nitsi dō*. La première année de *Ka siō* (848) *Zi kakou daï si* en posa les fondements ; autrefois se pressaient là vingt et un temples. Aujourd'hui, il n'y a plus rien et c'est devenu très-triste. Il n'y a plus une âme pour garder et entretenir un peu ces vieux souvenirs.

Kō no sou yama (MONTAGNE).

A côté de *Isi ya matsi*. On fait environ 1 *ri* pour arriver au sommet ; il n'y a, au reste, rien de remarquable que la vue. Les Japonais disent qu'on peut voir jusqu'à 10 *ri*.

Naki mousi yama (MONTAGNE).

Tout près de la montagne précédente. Le nom véritable est *Daï sen hō ga také* ; derrière, se trouve le *Siō sen hō ga také* ; en ligne droite, se suivent le *Tsuki mi yama*, *Ni no miya yama*, *Matsou daté*.—C'est le bonze *Fouyou miné guiō zia* qui, le premier vint s'y installer. Comme il avait planté là une quantité de sapins, que les petits arbres qui la couvraient, devenaient rouges en automne, la montagne offrait l'aspect d'un véritable tableau. Au reste, elle est considérée aujourd'hui comme l'une des merveilles de *Nikkō*.—On la nomme généralement *Nakimousi yama* ou montagne qui pleure, parce que dès qu'il y a un peu de brouillard, on peut être sur qu'il tombera de l'eau.

Sōmen no taki (CASCADE).

Située au pied du *Naki mousi yama*, au nord ; 2 *ziō* de hauteur. Elle est composée d'une quantité de petites chutes d'eau ; bien qu'elle soit très-petite, elle est remarquable par les pierres et les rochers de toutes sortes qui l'encombrent. On l'a appelé *Sō men taki* ou cascade du macaroni parce que les filets d'eau sont minces et espacés et ressemblent à des tuyaux de macaroni. On peut remonter la cascade sur les pierres mêmes qui la forment, sans se mouiller aucunement les pieds.

Mouko ga hara (PETIT HAMEAU).

Petit endroit situé à l'ouest du village de *Nikkō* ; on y arrive après avoir traversé un pont sur le *Daï ya gava*.

Zi oun zi (Temple).

Dit aussi *Kia rada san* ; ce temple a été construit par le principal disciple de *Zi guen daï si*, nommé *Kō kaï.* De là on arrive à

Kan man ga foutsi (Dit aussi ga man).

le long du torrent ; la rive nord est à pic ; l'eau vient s'y briser avec violence. et l'on dirait qu'un génie a coupé d'un seul coup de hache le bloc de pierre. L'eau tourbillonne avec fureur ; sur la grande pierre on peut voir un signe sanscrit écrit là par *Siou gakou in go seï kō kaï sō ziō.* D'aucuns prétendent que c'est *Kō bō daï si* lui-même qui a fait ce caractère en jetant son pinceau contre le pavé ; mais c'est une erreur qui vient de ce que les caractères qui commencent le mon de chacun des ces deux prêtres, se prononcent de la même façon, bien que s'écrivant différemment. La tradition rapporte que là a eu lieu une apparition de *Fou dō* et le nom de *Kan man* vient de ce que, quand les fidèles prient ce dieu, il revient souvent dans leurs litanies les mots suivants ;

"*Naoumakou san man da oundarada kan man.*"

Reï ki kakou.

PIERRE DES SACRIFICES.

En suivant la route de *Kan man*, on arrive à une pierre où on fait du feu pour offrir des sacrifices aux dieux. Une petite maison se trouve élevée sur les bords du torrent, un toit sur quatre poteaux ; c'est plutôt un hangar ; maison est de trop. La pierre aux sacrifices a été installée par *Kō kaï sō ziō*, ainsi que l'image en pierres de *Foudō.* On peut voir là 70 ou 80 statues assises d'*Amida*, toutes en pierres ; elles ont 4 *siakou* de haut ; c'est un disciple de *Zi guen daï si* qui les a fait élever là. Environ à 100 mètres de là se trouve l'ossuaire *Nō kotsou tō.* Ce

Nō kotsu tō (Ossuaire).

est une pierre rectangulaire, arrondie à la partie supérieure et montée sur le dos d'une tortue. Derrière se trouve une

懺稽淵納骨堂碑

羅山林道春撰

日光山中有淵潭世稱不動明王來現處也故探其種字號懺稽淵誠是勝地靈
區也先是
東照宮背後深奧之處有納骨堂慈眼大師爲畏神威毀除之已而大師遺敎曰
我沒後宜再建此堂未暇相收漸歷數歲方今尊敬法親王有可以營堂於懺
稽淵幽處之旨且大師之衆徒等爲過去萬靈爲自己菩提彫石地藏若干軀造
立淵畔淵畔有巨石方八尺許鑿開之以納新舊之骨乃立碑於此石上以記其
所由願以此功德骨化爲水精乎爲寶石乎爲珠玉乎與不動地藏分其骨乎抑
果與佛舍利相共同乎骨已如此則其群靈或上天或成佛以可證之乎法親王
繼大師之志受大師之緒以爲此舉以納萬骨不亦宜乎若夫葬枯骨則聖主之
德也掩骼埋骴則孟春之政介也是非非今之談聊併言之而已
明曆二年戊戌七月二日

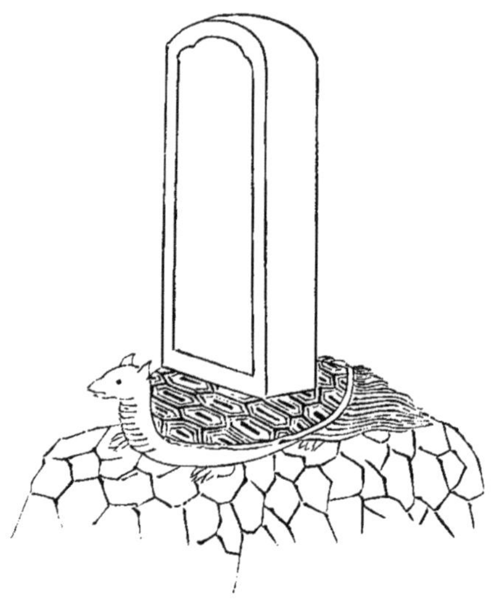

Le Nō kotsou tō : ossuaire.

cavité pratiquée pour y mettre les ossements vieux ou récents.
L'inscription a été faite par *Hayasi Razan*. En voici la traduction :

"Inscription pour le *Nō kotsou tō* de *Ga man ga foutsi* :
"composée par *Razan Hayasi Mitsouharou* :

— "Au milieu des montagnes de *Nikkō*, se trouve un fossé
"profond où, dit-on, est apparu *Foudō mio ō*. C'est pourquoi,
"se servant des derniers mots de la prière qu'on adresse à ce
"dieu, les fidèles ont désigné l'endroit sous le nom de *Kan man*.
"C'est, à vrai dire, un lieu remarquable.

"Ce *Nō kotsou tō* se trouvait autrefois derrière *Tō siō gou*.
"*Zi guen daï si*, craignant qu'il ne plût pas au dieu, l'éloigna.
"Mais, en mourant, il recommanda à ses disciples de le rebâtir
"ailleurs. Au bout de quelque temps, avec l'autorisation de
"*Son keï hō sinnō*, on le reconstruisit à *Kan man*. Puis les
"disciples du saint, autant pour l'âme des autres que dans l'in-
"tention de la leur propre, élevèrent là des statues d'*Amida*.
"Derrière ce *Nō kotsou tō*, on a pratiqué un trou pour y
"mettre les ossements et moi j'ai composé cette inscription pour
"faire connaître la chose.

"Puissent tous ces ossements devenir de l'eau pure ou des
"pierres précieuses ; des perles de jade ou des *Foudō* et des
"*Zizō* ; ou encore des *Boussiari* (petites pierres blanches qu'on
"nomme ossements de Bouddha). Les esprits de ceux qui
"reposent ici iront ainsi au ciel et deviendront Bouddha.

— "*Hō sinnō*, en réalisant le désir du saint, en recevant ses
"ordres pour construire ce monument, n'a-t-il pas bien agi ?
"Puisqu'aujourd'hui, une quantité d'ossements y reposent.
"Si l'on apporte ici beaucoup de cendres humaines, ce sera pour
"*Hō sinnō* un grand mérite, et si l'on y enterre des restes
"encore formés, ce sera pour lui une grande gloire (d'avoir
"préservé de la non sépulture de pauvres hères).

"Mais je n'ai pas besoin de faire ici de panégyrique ; aussi,
"je m'en tiendrai à ce que j'ai dit.

Meï réki, 2ᵉ année ; *Tsoutsinoyé inou*,

7ᵉ mois, 2ᵉ jour (1657).

Hana isi matsi.

En passant la rue de *Nisi matsi,* on arrive à *Tamo zava ;* puis
on passe un pont et on tombe au milieu d'un alignement de
maisons ; c'est là *Hana isi ;* non loin, se trouve une pierre qu'on
a appelée *Rengué isi ;* aussi ce village se nommait-il autrefois
Rengué isi moura ; au reste, ce nom lui est conservé par tous les
habitants de *Nikkō.*

Daï nitsi dō (PETIT JARDIN).

Si l'on continue à marcher pendant environ 200 mètres à
partir de *Hana isi matsi,* on arrive à une petite pente, à gauche
de la route.   On descend et on arrive dans un petit endroit fort
tranquille ; là existe un petit temple avec l'image de *Daï nitsi
nio raï ;* à gauche du temple, une habitation.   Un lac de 5 ou
6 *ken* s'étend dans le jardin et au milieu jaillit continuellement
une source.   L'eau en est pure et fraîche et a la limpidité d'un
miroir.   C'est un endroit, disent les Japonais, digne du repos
d'un dieu.   On a, du reste, de là, une vue assez belle.

Le célèbre *Ba siō* a laissé une inscription fort connue, dont
voici le sens :

"Ah ! combien il est délicieux de se trouver ici ! *Nikkō* est
" resplendissant dans le passé et dans le présent ; il brille comme
" les feuilles déjà vertes et comme les bourgeons commençant
" à pousser."

Kouzira moura (HAMEAU).

Petit hameau de douze ou treize maisons au pied de la
montagne, au nord ouest de *Hana isi ;* c'est un endroit sans
aucune importance ; mais il est à noter, comme étant le village
le plus ancien de *Nikkō.*

Ziakkō mitsi (ROUTE DE ZIAKKŌ).

A une lieue environ de *Mihasi ;* la route passe à *Nisi matsi* et
près de *Siaka dō,* puis va au nord en montant peu à peu et
d'une façon insensible.   On arrive ainsi au bord de deux au
trois petits ruisseaux qui révèlent la proximité de la cascade.

On a franchi bientôt une immense pierre échouée à gauche de la route ; les gens du pays la trouvent remarquable parce que, dans sa partie supérieure, existe un petit creux qui est toujours rempli d'eau. Puis on s'abrite à l'ombre d'un immense *Sougui*, avant d'entreprendre la suite de la route qui monte plus fortement à partir de cet endroit.

Enfin, après avoir encore franchi deux petits torrents, on est au

Temple de Ziakkō.

Construit par *Kō bō daï si*. Autrefois, il y avait une foule de dépendances connues sous le nom de *Ziakkō zi ; Ziō nen boutsou dō ; Kou mon zi dō ; Foudō dō*, etc. C'était splendide. Mais lors de la révolution de *Meï zi*, temples et dépendances ont été abandonnés et ils ont brûlé la 10e année de la même ère (1878) ; c'est fort regrettable ; car l'ermitage était admirablement choisi.

Aujourd'hui (22e année de *Meï zi*), on en a reconstruit une partie.

Cascade de Ziakkō.

On l'appelle aussi *Nouno biki ;* elle se trouve au nord ouest du temple précédent, et bien qu'on l'appelle quelquefois *Nana taki*, c'est là une grave erreur. La hauteur est de 17 à 18 *ziō* et sa largeur de 2 à 3 *ken*. Les pierres, sur lesquelles l'eau rebondit forment escalier, et l'eau, coulant dessus, ressemble à une pièce de toile blanche agitée par le vent, d'où son nom de *Nouno biki* ou pièce de toile.

> Note :—Cette appellation de *Nouno biki* ou pièce de toile est commune, pour ainsi dire, à toutes les cascades de toutes les provinces du Japon. Et elles sont nombreuses !

Cette chute d'eau de *Ziakkō* est comptée parmi les huit merveilles de *Nikkō*. Il paraît que les artistes, peintres et poëtes, sont très-embarrassés pour la décrire parce qu'elle fait une énorme impression sur eux et leur fait perdre leur sang-froid.

Itō tsiō in, un lettré des temps anciens, a cependant composé la poésie suivante :

« Les sapins sont tellement nombreux qu'on ne peut aperce-
« voir les nuages blancs ;—la neige de la cascade, retombant
« sur le rocher, semble, par un pas précipité, vouloir toujours
« aller plus bas ;—elle est si éclatante et si attrayante que le
« spectateur se laisse inonder sans s'en apercevoir. »

— Une autre poésie a été également composée sur *Ziakkō* par
Hayasi Daï gakou no kami, Zioun saï, célèbre savant du temps
féodal :

« Je me suis rendu à *Ziakkō si* pour admirer les restes des
« choses anciennes ;

« La cascade tombe précipitamment comme dans une course
« affolée ;

« Elle ressemble à une ceinture blanche longue de cent pieds;

« On dirait, tellement elle est rapide, qu'elle n'existe pas et
« n'est qu'un vide entre deux roches ;

« Les gerbes d'eau sont comme des boules de jade qu'un
« cheval, dans sa course, lancerait de sa bouche ;

« L'écume qui en tombe est comme la fleur voltigeant détachée
« de l'arbre ;

« Si l'on se rafraîchit la tête et la bouche avec l'eau limpide
« de la cascade, tous les soucis de la route s'en vont et sont
« dispersés. »

Hagouro no taki (Cascade).

Les habitants de *Nikkō* l'appellent aussi *Itsi no taki* ; une fois
arrivé au pont de pierre qui mène à *Ziakkō*, on le traverse, et, si
on marche 8 ou 900 mètres au nord est, on se trouve à *Hagouro
yama* ; tout a fait au pied, se trouve la chute d'eau. Sa hauteur
est de 10 *ziō*, sa largeur de 3 ou 4 *ken*. Elle est très-belle et
tombe d'un seul bond ; mais, comme il n'y a pas de route
pour y mener, que les sentiers sont pleins d'herbes et peu
pratiqués, les touristes ne vont pas, en général, de ce côté.

Aï oï no taki (Cascade).

A l'est de *Ziakkō* se trouve *Koura sita yama* ; on y arrive par
un petit chemin à droite de la grosse pierre dont nous avons
parlé sur la route de *Ziakkō*. On remonte, pendant 5 ou 600

mètres, un petit cours d'eau, et on est à *Nébouka yama*. Cette montagne est toute de pierre tendre qu'on peut écailler avec un bâton. Il n'y a aucun chemin pour arriver à la cascade ; il faut seulement suivre le petit cours d'eau et on arrive ainsi à *Médaki* et *Odaki* (cascade mâle et cascade femelle) d'où le nom *Aï oï daki* (le couple).

Médaki a de 12 à 13 *ziō* de haut et de 7 à 8 *ken* de large ; elle n'est pas très-forte, mais elle est d'un aspect fort beau.

Odaki a de 8 à 9 *ziō* de haut sur 7 à 8 *ken* de large ; l'eau est forte et tombe avec violence.

Il paraît qu'autrefois on avait surnommé cette cascade *Sira ito* ou du fil blanc ; elle était fort bien nommé ; car elle ressemble, en effet, à un écheveau de fil embrouillé. Il est regrettable que peu de touristes viennent là ; le chemin est, il est vrai, fort difficile ; mais on est payé de ses peines.

Ourami ga taki (Cascade).

Sur le territoire de *Kouzira moura*, sur la montagne *Arasava yama*. En quittant *Hana isi matsi*, on voit, à 2 ou 300 mètres plus loin, un écriteau sur lequel sont quelques caractères chinois signifiant : Route du *On také*. On prend à droite de ce poteau et au bout de 17 ou 1800 mètres, on arrive à la *Tsia ya* de *Arasava* où se trouve un petit courant d'eau rempli de grosses pierres. On appelle cela *Ourami no Sōmen daki*. Avançant un peu plus, sur un sentier étroit, on monte et descend successivement, et on se trouve enfin sur une planche, au milieu du torrent, en face juste de la cascade d'*ourami*.

Passant de l'autre côté de la planche, on grimpe sur une sorte d'échelle adossée à une grosse pierre et on continue d'avancer le long de la montagne afin de pouvoir passer sous la cascade et de la voir ainsi par derrière (*Ourami*). Le chemin est très-étroit et humide et il faut prendre de grandes précautions pour ne pas glisser. Un peu plus haut, dans la montagne, s'élève un temple de *Foudō* et un hangar pour les pèlerins.

Zi kouan no taki (Cascade).

On monte tout a fait au dessus d'*Ourami*, en faisant une foule de détours à droite et à gauche sur le flanc de la montagne, et

en marchant environ pendant deux kilomètres. En haut de la
cascade de *Zi-kouan*, devant laquelle on s'arrête au bout du
sentier, se trouve une immense pierre plate de 16 *ken* de large et
de 50 à 60 *ken* de long ; elle fait toit, pour ainsi dire, et l'eau
passant par dessus, retombe dans un petit lac fort joli et
limpide.

Cette chute d'eau a été découverte par le prêtre *Zi kouan sō ziō*
et il lui a donné son nom. La cascade n'est pas le seule chose
à remarquer en cet endroit ; on a aussi une vue superbe à l'est
et au midi. C'est certainement d'ici que l'on a la plus belle
vue de toutes les montagnes de *Nikkō*. Les érables et les
azalées, au printemps font un décor admirable et le touriste ne
regrettera pas la peine qu'il a eue pour arriver jusque là. Les
Japonais disent qu'il y a environ soixante douze cascades à
Nikkō, mais qu'il n'y en a que trois que l'on cite d'habitude :
Kégon comme merveilleuse ; *Ourami* comme curieuse ; *Kirifouri*
comme jolie. *Ziakkō* et *Zi kouan* ne sont cependant pas très-
inférieures et méritent également d'être citées.

Kio taki moura (VILLAGE).

Ce village se trouve à environ 1 *ri* de *Mihasi*. L'entrée se
nomme *Tori ï hara* ; c'est sur la route qui mène à *Asio* ; il n'y a
guère que trente maisons ; mais presque tous les voyageurs
s'arrêtent là parce qu'ils y trouvent des provisions en abondance.

On y voit un temple élevé en l'honneur de *Kō bō daï si*, et on
y adore *Kom pira daï gon guen*. Autrefois, derrière ce temple,
il y avoit beaucoup de grands *Souguis* et une cascade appelée
Kio taki ; mais on a coupé les arbres et la cascade a tari.

On peut également voir, non loin de là, un temple nommé *Siō
foukou zan kon gō ziō zou oun* qui a été élevé par *Kō bō daï si* ; il
appartenait à la secte de *Sin gou* ; mais, depuis *Zi kakou daï si*,
il appartient à la secte de *Tendai*.

Kio taki kouan on dō (TEMPLE).

Ce temple est situé non loin de *Kio taki* ; il a six *ken* carrés et
renferme une statue de la déesse *Kouan on* sculptée par *Siō dō
siō nin*. Comme les femmes ne pouvaient aller faire leurs

dévotions à la *Kouan on* de *Tsiou zen dzi*, le saint fit élever spécialement pour elles le Temple de *Kio taki*.

Mma gaësi (Endroit de repos).

Tout petit village composé tout au plus de sept ou huit *Tsia ya ;* important à connaître comme point de ralliement et de repos.

Mayé Nikō zan (Montagnes).

Si l'on marche à 5 ou 600 mètres plus loin que *Mma gaïsi*, et qu'on jette les yeux devant soi, on remarque deux montagnes ressemblant au *Nan taï* et au *Niō hō ;* on les appelle *Mayé Nikō ;* (avant *Nikō*) ou bien *Siō Nikō* (petit *Nikō*) ; il y a là une caverne de 2 ou 3 *ziō* dont la profondeur n'a jamais été connue. (前二荒, 小二荒).

Misava no tsia ya (Maison de thé)

Petite maison sur la route de *Tsiou zen zi ;* on s'y repose et on peut s'y procurer de la nourriture japonaise.

On arrive, en continuant sa route, à un temple de *Zizō* au delà duquel, autrefois, les femmes, les chevaux et les bœufs ne pouvaient avancer. On l'appelait la " Porte orientale " de *Tsiou zen zi.*

Ken no miné (Plateau).

On continue à avancer, mais, en montant, et un peu plus loin, on est obligé d'avancer prudemment sur des planches ; c'était ici l'endroit le plus difficile à franchir, autrefois ; maintenant, on peut passer soit à cheval, soit en *Kago.* On trouve une *Tsia ya* pour se reposer et on peut contempler à son aise les cascades de *Han nia no taki*, et *Hō tō no taki*, à droite et à gauche du chemin qu'on appelle *Ken no miné* ou plateau en lame de sabre ; on arrive ainsi successivement à *Naka tsia ya* et *Otaïra.* Dans ce dernier endroit, on peut voir une espèce de plante curieuse connue dans le pays sous le nom de *Sarouo kasé.*

Kégon no taki (Cascade).

On l'appelait *Yéziri daki* ou bien *Yasio daki*. Vers le milieu du plateau de *Otaïra* se trouve un poteau indicateur, montrant le chemin de la cascade, à gauche, à 3 ou 400 mètres plus loin. Une *Tsia ya* très-confortable et un monument avec une inscription érigée par *Ono kōzan* sont les seules constructions que l'on voit. En descendant une petite pente, on aperçoit la cascade dans son ensemble. Elle sort du lac de *Tsiou zen zi* et, par conséquent, est excessivement haute et large. Elle mesure plus de 70 *ziō*, et l'eau, en tombant, produit un fracas énorme. C'est la plus grande chute d'eau de tout le *Kouan tō*, et c'est là la source du *Daï ya gava*. Dès les temps anciens, on vantait la beauté de cette cascade, en vers et en prose ; elle était le sujet de plus d'un dessin. On l'a nommée *Kégon* parce que le soleil, venant refléter dans ses eaux ses derniers rayons, lui donner la teinte de l'arc-en-ciel. (*Kégon* veut dire : Rocher fleuri). Il y a, aux environs, une quantité de petits oiseaux bleus qu'on nomme *Iva tsoubamé* ou hirondelle de rocher.

Kégon zi kiou séki.

RUINES DU TEMPLE DE KÉGON.

Se trouvent au bas du torrent qui suit la cascade. Les livres anciens disent que *Kō bō daï si* éleva ce temple ; mais on ne sait au juste à quelle époque le saint homme est venu fixer là sa demeure.

Tsiou gou zi (Temple).

A 3 *ri* 2 *tsiō* de *Mihasi*. A l'entrée est une porte surmontée d'un toit ; là, se trouvaient inscrites, autrefois, les règles indiquant aux femmes la voie à suivre pour faire l'ascension des montagnes de *Nikkō*. (Il était, en effet, interdit aux femmes d'aller en certains endroits).

Près de là, se trouve une grande construction composée d'une foule de petites chambres où les pèlerins viennent se loger et faire leurs ablutions pendant sept jours. Chaque année il en vient des milliers. Il y a des cuisines contenant des pots énormes pour faire cuire le riz et tout ce qui sert à la nourriture des pèlerins.

L'administration du temple se trouve près de là ; c'est *Siō dō siō nin* qui le premier éleva cet édifice. Il s'appelait *Odarakou-zan zin gou zi*. Le nom fut, un peu plus tard, changé en celui de *Tsiou zen zi*. Ce temple est adossé à la montagne ; devant lui s'étend le lac, au nord duquel s'étagent des maisons de thé pleines de propreté et d'élégance. Il est fort agréable de s'asseoir là sans pensées et sans soucis et de contempler la lune et les montagnes se mirer dans le lac clair !

En fait de choses à voir, on peut citer le *tori ï* qui conduit au temple de *Kouan on* ; le temple lui-même et le sanctuaire.

Le temple principal est sous l'invocation de *Oana moutsi no mikoto* ; *Tagakoro himé no mikoto* ; *Hazi souki taka hiko né no mikoto* ;

Siō dō siō nin, la 7ᵉ année de *Kō zin* (817), étant allé sur le sommet principal du mont, vit les trois dieux lui apparaître ; une fois redescendu, en souvenir de l'apparition, il fit bâtir ce temple.

On peut aussi citer *Tatsi ki no kouan on* ; cette image a été faite par *Siō dō siō nin* ; elle a 1 *ziō* 6 *siakou* de hauteur ; de chaque côté se tiennent les *Si tennō* ; il y a un *Gakou* où se trouve une poésie qui, comme presque toutes les poésies japonaises n'est qu'un vulgaire calembourg et intéresserait peu.

Miō ken dō (Temple).

Près de *Kouan on dō* au sud. Quand *Kō bō daï si* se trouvait à *Taki ō*, dans la retraite et les prières, il sortit, paraît-il, du lac, une pierre de jade qui était une transformation du dieu *Miō ken son seï*. Aussi le saint prit-il cette pierre avec une grande vénération et lui éleva-t-il un temple.

Kara kané tori ï (Tori ï en bronze).

Se trouve à l'entrée de la route qui mène à *Ni kō zan* ; on y lit les caractères, 二荒山神社, *Ni kō zan zin zia* ; tout près on voit une petite porte, qui n'est accessible qu'aux pèlerins et aux gens qui viennent dans un but de dévotion.

Mou sia matsouri (FÊTE).

Tous les ans, le 4ᵉ jour du 1ᵉʳ mois, il y a une fête en
l'honneur du dieu. La cérémonie se fait près du lac ; une
foule considérable y vient, et chaque fois que le prêtre lance le
Kaboura ya, (flèche en **V**) tout le monde pousse des cris formi-
dables. C'est, paraît-il, une coutume conservée depuis l'antiquité.

Founa zen tsiō (SOCIÉTÉ DE PÈLERINS).

Il existe une société dite *Ziō sen ko ziou* qui, tous les ans, le
1ᵉʳ jour du 6ᵉ mois, se réunit, et va en bateau, dans tous les
coins du lac procéder à une cérémonie particulière, (cérémonie
religieuse bien entendu), depuis ce jour jusqu'au 19. Une fois
le 7ᵉ mois arrivé, chaque membre de la corporation peut jouir
du bateau et procéder à des pratiques privées. Il est assez
curieux d'assister à l'une de ces réunions.

CHAPITRE VII.

Fouta hara yama.

LA MONTAGNE DES DEUX TEMPÊTES, DITE AUSSI HODARAKOU ZAN.

Kouro kami yama. Nikkō zan.
Nan taï zan.

Depuis la petite porte située auprès du *Tori ï* en bronze jusqu'au sommet de la montagne, il y a 3 *ri*. C'est la plus haute montagne de *Simodzouké*, mais elle est très-facile à monter et la route est très-praticable, comparativement à celles du *Niō hō zan* et du *Tarō daké*. Le sommet a de 6 à 700 mètres du sud au nord et de 2 à 300 de l'est à l'ouest. On y voit un petit temple tout en bronze. C'est la chapelle primitive de *Fouta hara zin zia*. Sur le plateau se trouve aussi une pierre remarquable où *Siō dō siō nin* a vu l'image du dieu.

Si l'on gravit la pointe extrême du sommet, on arrive à *Tarō no zin zia ;* de là, on voit le *Fouzi*, l'*Akagui*, le *Tsoukouba* et une quantité d'autres montagnes. Le lac de *Tsiou zen zi* paraît comme un miroir jeté aux pieds du spectateur.

L'aspect général de la montagne est grandiose. Il y a là une quantité d'arbres verts fort beaux ; malheureusement le sommet est presque nu, la neige et le vent empêchant les arbres de pousser bien haut. Nous conseillons vivement à ceux qui le pourront, de faire cette ascension.

En l'année de *Zin go keï oun*, il y a environ 1,000 ans, *Siō dō siō nin* avait voulu faire cette ascension ; il n'y put d'abord arriver, à cause du brouillard et de la neige. Puis quinze ans après, en l'ère de *Ten ō* (781), il recommença sa tentative et ne réussit pas davantage ; l'année d'après, cependant, à force de volonté, il y parvint, et pour cela, mît sept jours, ainsi que nous l'avons déjà vu. Il construisit alors un temple au dieu du ciel et de la terre, et demeura quelque temps dans une pieuse retraite. Puis en la 7ᵉ année de *Kō zin* (817), il fit encore une ascension, et vit l'ombre des dieux se refléter sur une pierre qui se trouvait là. Il éleva un autre temple qu'il nomma *Nikkō san sia,* parce que les dieux étaient apparus au nombre de trois.

La montagne se nommait *Ni kō* (*foutatsou arérou* = deux fois se fâcher) parce qu'au printemps et en automne le vent sortait d'une caverne immense qui était au sommet du mont, et brisait, dans sa violence, arbres et maisons. *Kō bō daï si,* lorsqu'il eut fait l'ascension, obtint par ses prières et ses vœux la fin de cette calamité bisannuelle et appela la montagne *Nikkō* (l'éclat du soleil.) Il paraît, du reste, que le vent cessa de souffler désormais.

L'un des autres noms de la montagne était *Hodarakou,* devenu *Foutara* et *Foula hara.*

Kouro kami yama vient de ce que, la neige restant longtemps sur la montagne, les sapins faisaient l'effet de cheveux noirs, *Kouro kami.*

Comme le *Nan taï* et le *Niō hō* sont les deux plus hautes montagnes de *Nikkō,* on leur a donné les noms de mâle (*Nan*) et de femelle (*Niō*). Les montagnes avoisinantes portent les noms de grand et petit fils : *Omanago* et *Komanago.*

Nan taï et *Niō hō taï* sont modernes ; autrefois on désignait les deux sous le nom de *Kouro kami yama* et dans les vieilles poésies japonaises, on ne les cite jamais que sous ce nom.

Satsou no oumi (LAC DE TSIOU ZEN ZI)

Généralement désigné sous le nom de lac de *Tsiou zen zi.* En langage bouddhique, on le nomme *Hakou tokou zi* ou le lac des huit vertus. C'est le plus grand lac qui existe sur le sommet d'une montagne : de l'est à l'ouest, il mesure 3 *ri ;* du sud au nord 1 *ri.* Sur la rive sud il y a de jolis endroits tels que *Outa no hama,* et *Téra saki ;* Un beau golfe dont les deux pointes se terminent par *Sen ziou saki* et *Tsiou gou zi.* E'eau en est claire et transparente et tellement froide que l'on disait que les poissons ne pouvaient y vivre. Toutefois, dernièrement, on y a mis des truites et des truites saumonnées et elles s'y trouvent fort bien. On en pêche même qui sont devenues énormes.

Nan gan kiō (PONT).

Ce pont se trouve sur le chemin qui conduit du lac à la cascade de *Kégon*. Il est en bois et a une longueur de 8 à 9 *ken*; il conduit à *Outa no hama* et à *Téra saki*. Les gens de *Kōzdouké* qui viennent à *Tsiou zen zi* passent par ce pont.

Outa no hama (PLAGE).

Petite plage, au sud est du lac. *Siō dō siō nin* étant venu là faire des prières, un ange lui apparut qui se mit à chanter; d'où le nom: *Outa no hama*. Les pèlerins qui viennent tous les ans offrir des fleurs, dorment encore à l'endroit où l'habitant des cieux est apparu à *Siō dō siō nin*.

Téra saki (PRESQU'ILE).

Au sud ouest de *Outa no hama*. Forme presqu'ile par sa position un peu avancée dans le lac. *Zikakou daï si* avait fait élever là un petit temple la première année de *Ka siō* (848). Il y a également une statue de *Nio raï* que lui-même a faite. Dans l'interieur de ce petit temple, une boîte à médecine a été enterrée et c'est pour ce motif que la temple porte aussi le nom de *Yakousi déra* ou temple de la médecine. On prétend que cette boîte à médecine a été autrefois apportée des Indes au Japon par un nommé *Zia va*. C'est le plus joli endroit du lac; on peut se reposer là et embrasser l'ensemble d'un coup d'œil.

Ruines de Nitsi rin zi.

A l'ouest de *Téra saki*, sur la rive sud du lac. Comme *Siō dō siō nin* se trouvait à *Outa no hama*, il vit en songe le dieu *Go taï son* lui apparaître dans un soleil. Il fit alors la statue du dieu et la plaça dans un temple qu'il nomme *Nitsi rin zi*. Dans le temple également on voit une image de *Siō dō siō nin*.

De *Nitsi rin zi* on peut se rendre à *Matsou ga saki*, *Oï matsou ya saki*, *Siraï iva*, etc. endroits également agréables à visiter.

Kozouké zima (ÎLE).

Bien que cette ile soit tout près de la rive méridionale du lac, vue du nord elle parait être au milieu. Un monument en pierre indique que les ossements de *Siō dō siō nin* y sont déposés. Il y a là aussi une petite pagode qui indique l'emplacement des restes de *Zi guen daï si*, en partie seulement, une moitié de trouvant à *Ouyéno* (*Yédo*). L'île est nommée *Kōdzouké zima* parce que *Siō dō siō nin* avait été autrefois, grand prêtre de *Kodzouké*.

Ruines de Han nia zi.

Sur la rive sud ouest du lac. Bâti autrefois par *Kō bō daï si*. Près des ruines se trouve une pierre immense où le saint avait écrit un caractère sanscrit ; mais depuis le tremblement de terre de *Kan yé* (1624-1643) la pierre est tombée et on ne voit plus ce signe, la face interne se trouvant couchée sur le bord du lac.

Sen ziou zaki (Temple).

Sur la rive ouest. En l'année de *Yen réki* (782) *Siō dō siō nin* construisit un temple qu'il nomma *Hodarakou zan Sen ziou in*. *Kō bō daï si*, à son tour, y plaça un *Gakou* sur lequel il écrivit : *Hodarakou zan Hossin dan mon*. Il fut brûlé par un incendie et fut reconstruit par le grand prêtre de *Nikkō*. Il y a là une foule de petites pierres que les gens prennent pour des reliques de Bouddha. Près de là aussi, se trouve un rocher rouge assez curieux ; il ressemble à une couronne.

Sen ziou bara (Plaine).

C'est une plaine de grande étendue qui fait suite à *Sen ziou saki* ; personne ne l'a encore traversée et on ne la connaît pas bien ; on y trouve une espèce de plante nommée *Sen ziou gan pi*. A l'ouest se trouve un petit lac nommé *Saï kō* de 1 *ri* de long sur 20 *tsiō* de large. Son eau se déverse dans le lac de *Tsiou zen zi*.

Gan siakou bō no foutsi (Lieu dit).

A 2 ou 3 *tsiō* de *Tsiou zen zi*, sur la rive occidentale. C'est l'endroit où s'est noyé le bonze *Gan siakou siō nin*. Près de là se trouvent les ruines du temple de *Mokou zia zi*, construit par *Kō bō daï si*.

Hatsi yama (MONTAGNE).

C'est une montagne de forme toute ronde qui fait suite, au sud, au *Nan taï zan*. La 4ᵉ année de *Kō zin* (821), le prêtre *Kiō bin zassiou* étant arrivé vers le milieu de la montagne, y construisit le temple de *Den hō rin zi*. Plus tard, *Sin saï aziari* construisit tout à fait sur le sommet le temple de *Hokké mitsou monzi*. Aujourd'hui il ne reste plus que les ruines que l'on nomme encore *Moto kaï dan ziō*.

Ruines de Si ziō zi

A l'ouest, à 18 ou 19 *tsiō* de *Tsiou gou zi*. Ce temple a été élevé par *Kō bō daï si*. Aujourd'hui il n'en reste plus que les ruines et l'on nomme l'endroit *Zi ziō ga saki*.

Siō bou nouma (MARAIS DES IRIS).

A 29 *tsiō* environ de *Tsiou gou zi*. Près de là se trouve un rocher creux où sont déposés les restes de *Siō dō siō nin ;* dessus s'élève une statue de *Kouan on*. Cette caverne s'appelle *Rouri tsoubo*.

Zigokou tsia ya (TSIA YA DE L'ENFER)

A 30 et queques *tsiō* de *Tsiou gou zi*, en suivant toujours les contours du lac, on arrive à un petit pont. A droite de ce pont, sur un point élevé, on aperçoit la *Tsia ya* en question. Elle est là dans le but de permettre quelque repos aux pèlerins qui se rendent à *Tsiou zen zi*. Au nord est, au pied du *Nan taï zan*, non loin de cette maison, se trouve une grande grotte nommée le trou de l'enfer. C'est de là que vient le nom de la *Tsia ya* (*Zi gokou* signifiant enfer).

Riou zou no taki (CASCADE).

Un peu plus loin que *Zi gokou tsia ya*, sur le bord de la route. C'est une cascade formée de deux cours d'eau qui se mêlent à la partie supérieure et retombent ensemble.

On l'a nommée tête de dragons, parce que, si on s'avance sur les pierres qui se trouvent au milieu, on peut apercevoir comme

une infinité de petites têtes blanches de dragons, formées par
par les courants d'eau. Bien que cette chute d'eauso it intéres-
sante, elle n'est point à comparer aux autres chûtes d'eau dont
nous avons déjà parlé.

Aka nouma ga hara.

PLAINE DU MARAIS ROUGE, AUSSI NOMMÉE SEN ZIŌ GA HARA OU CHAMP DE BATAILLE.

Sur la route qui mène aux eaux de *Tsiou zen zi*, au nord de
Zi gokou tsia ya, tout à fait au pied du *Nan taï* et du *Tarō
také*, la cascade et le torrent de *Youmoto* se voyant à l'ouest.
Sa largeur n'est que d'un *ri* ; elle est pleine de joncs et d'herbes
de marais ; à droite se trouve le marais rouge (*Aka nouma*) ; à
gauche *Nouka dzouka* que l'on voit de loin. Au nord de la plaine
coule le *Sakasa gava ;* et d'un rocher sort une source fraîche et
limpide nommée *Ko gayo no Simidzou*. Le climat est dur et
le printemps ne commence guère qu'au 7ᵉ mois. Aussi toutes
les fleurs poussent en même temps et émaillent la prairie.

Comme *Siō dō siō nin* s'était baigné dans cette eau pure, on
avait appelé la plaine *Aka nouma ga hara* (*aka* ayant une signi-
fication sanscrite). Plus tard on l'écrivit avec le caractère *aka*,
rouge.

En la période *Ka keï* (1387), un nommé *Ota nioudō Naotaka*
de *Hitatsi*, s'étant révolté contre le *Siōgoun* entra avec son armée
dans les montagnes du *Nan taï. Ouyésougui Tomomouné* fut
envoyé pour le combattre, et *Ota* fut défait après une série de
luttes fort longues. C'est, du moins ce que rapporte l'histoire
et c'est ce qu'on peut lire dans le *Kamakoura o sō si*. Il y a, au
reste, encore des armes et des plans de l'époque qui subsistent
là haut bien conservés. C'est évidemment pour ces faits de
guerre que la plaine a été nommée *Sen ziō ga hara*. D'autre
part, les gens disent que, comme il y eut beaucoup de sang
répandu, la plaine a été surnommée *Aka nouma* ou le marais
rouge.

Dans un livre de poésies anciennes, cette plaine est aussi
nommée *Simézi ga hara ;* mais c'est là une erreur. Il y a eu,
en effet, dans la même province, un endroit de ce nom à

Kavarada moura, au pied de l'*Ibouki yama,* canton de *Simo tsouga.* C'est même de cet endroit que viennent les *Mogousa* (moxas).

Dans le *Siŏ tsi tŏ kaï hen* on trouve également la preuve de ce que *Simézi ga hara* est au pied de l'*Ibouki yama.* C'est un endroit fort peu intéressant, d'ailleurs.

You daki (CASCADE CHAUDE).

Elle sort brusquement du lac de *You no oumi ;* elle a 45 *ziŏ* de long sur 15 à 16 *ken* de large. La force du courant est telle que l'on croirait entendre le tonnerre, lorsqu'on se trouve tout près, et l'écume saute çà et là en abondance. Cette cascade est restée longtemps inconnue ; car elle était cachée par une épaisse végétation. Ce fut un pèlerin de *San ziŏ,* dans l'*Etsigo* qui la découvrit le premier, et ouvrit la route qui y conduit. Dans les temps modernes elle fut chantée par *Otsouki Foukouken,* qui laissa un monument avec inscription, disant notamment que cette chute d'eau est " belle comme *Kiri fouri,* furieuse comme *Kégon* " etc.

You no oumi (LE LAC D'EAU CHAUDE).

C'est de là que sort la cascade précédente ; du sud au nord le lac a 20 *tsiŏ* environ ; de l'est à l'ouest 13 *tsiŏ.* Une presqu'il s'avance au milieu du lac, et on a de là un vue superbe. Il n'y avait, jusqu'à présent, pas eu de poissons ; mais il y a quelques années, on y a mis des carpes qui y ont prospéré et que le voyageur fatigué sait apprécier.

Tsiou zen zi no onsen (GÉNÉRALEMENT YOUMOTO).

Au nord ouest de *Tsiou gou zi,* à environ 2 lieues de distance de ce dernier endroit. Ces sources sont entourées de tous côtés par les montagnes sauf du côté sud qui est découvert et où se trouve le lac. Il y a plusieurs sources.

Voici les principales :

Kavara you ; pour les reins (femmes et enfants) ;

Don sou no you ; pour le yeux ;

Naka you ; pour les refroidissements ;

Go siō no you ; pour les reins (hommes) et les brûlures ;

Sasa no you ; pour la poitrine et l'estomac ;

Zi zaï you ; pour les congestions.

Tous les établissements sont propres et bien tenus ; les propriétaires sont tous des habitants de *Nikkō ;* naturellement l'hiver il n'y a personne et les maisons de bains n'ouvrent guère qu'au 4ᵉ mois (avril). Ils ferment tous au 9ᵉ mois (septembre). *You moto* est, depuis quelques années, très-en renom et les constructions nouvelles s'y élèvent rapidement. Jusqu'à présent la maison la plus confortable est celle de *Matsoumoto.*

On ne sait pas au juste quand on a commencé à fréquenter ces sources ; mais il paraît que le *Siōgoun Minamoto no Yositerou,* en la 13ᵉ année de *Ten boun* (1545) en a, le premier, essayé l'efficacité :—En la période de *Siō hō* (1288) il y avoit bien trois sources connues ; *Go siō you ; Ouba you ; Minami you ;* mais les femmes, les bœufs et les chevaux ne pouvant monter jusque là, ces sources n'étaient pas fréquentées.

Depuis la révolution de *Meï zi,* les défenses ont été retirées et les sources sont devenues un endroit de rendez-vous.

Kari komé no oumi (Lac).

Dans les montagnes, entre le *Tarō daké* et le *Youmoto no oura yama ;* il a une vingtaine de *Tsiō,* et la tradition rapporte qu'il renferme un grand serpent acharné après le genre humain.

Il y a, aux environs de *Nikkō,* et dans les montagnes d'alentour, une cinquantaine de petits lacs ; mais nous nous sommes bornés à indiquer les plus saillants.

Itsi no yado (Première auberge).

Cette maison se trouve à 3 *tsiō* du pèlerinage de *Taki no ō,* au sud de *Amida ga miné,* juste au pied de la montagne de *Ta hō zan,* La 1ᵉʳᵉ année de *Zin go keï oun* (767) 4ᵉ mois, 10ᵉ jour, *Siō dō siō nin,* ayant emmené ses disciples, voulut les conduire avec lui à *Ni kō zan,* et, étant arrivé à un certain endroit, y fit bâtir une petite maison, où il resta sept jours dans la dévotion. Puis il regagna les montagnes. Cette maison se trouvant être la première construite là fut nommé *Itsi no yado* (1ère auberge).

Sessiō kin dan sakaï isi.
DÉFENSE DE TUER LES ANIMAUX.

A environ 20 *tsiō* de *Itsi no yado*, se dresse un pierre de 1 *ziō* environ de hauteur. Les habitants de *Nikkō* la nomme *Sessiō séki* eu *Kindan séki*. Sous le gouvernement Siōgounal, il était permis de chasser au delà, mais non en deça de cette limite, de-sorte que les gens qui allaient chasser le cerf, l'oiseau ou le sanglier, avaient toujours soin de s'enfoncer avant dans la montagne. Celle-ci n'est pas très-boisée ; on n'y trouve que des herbes basses et les chemins sont très-praticables. *L'Inari gava* avec les rochers étalés sur ses rives, ajoute encore au pittoresque.

Tsi go ga hara
TOMBE D'ENFANT DE CHŒUR.

Si l'on monte un peu plus haut que la pierre précédent, on arrive à une petite place où se trouve une sorte de pagode surmontée d'un *Zizō*. La tradition rapporte que le servant du temple de *Zitsou dō bō*, ayant suivi son maître dans son pèlerinage en l'honneur de *Siō dō siō nin*, la 1ère année, 8e mois de *Yen boun*, (1356), ne put continuer sa route, et, accablé de fatigues mourut en chemin, près du pèlerinage de *Taki no ō*, dans les montagnes. Le prêtre ayant appris cela saisi de douleur, mourut lui-même peu de temps après à mi-chemin de *Kouro kami yama*. L'endroit où il est tombé s'appelle *Zitsou dō nagui*.

Deux ou trois prêtres, un peu plus tard, touchés de pitié, élevèrent le monument actuel au petit servant.

Happou-Isi mouro (LES HUIT VENTS).

Un peu plus haut que la tombe précédente. C'est un hangar qui est composé d'un toit sur 4 poutres ; aucun mur. Dans le pèlerinage en l'honneur de *Siō dō siō nin*, lorsque les prêtres font tout le chemin, station par station, parcouru autrefois par le saint, ils se réunissent là et y font leur repas de millet. Comme les vents arrivent de tous côtés, ce hangar est nommé *Happou* (8 vents). On a, de cet endroit, une fort belle vue. Au nord est le *Niō hō* et l'*Akagui ;* au sud *Nikkō* et *Ima ïtsi.* Puis, au loin, le *Tsoukouba*, le *Kaba*, et la chaîne des montagnes de *Hitatsi* se détachent sur le ciel et sont d'un effet magique.

Nana taki (LES 7 CASCADES).

En quittant *Happou*, on monte et on descend pendant environ 20 *tsiō* et on arrive vers le milieu du *Niō hō zan*, à une pierre nommée " pierre des offrandes " et où les pèlerins ont l'habitude d'offrir leurs prières. De là une vallée très-profonde d'un côté, et de l'autre sept cascades sortant des flancs de la montagne, presque alignées régulièrement. Il y en a qui ressemblent à un immense serpent, d'autres à une longue pièce de toile ; les unes sont longues, les autres courtes. En dehors des sept principales, il y a beaucoup d'autres petites cascades qui sortent avec un joli murmure, des flancs de la montagne. C'est ici que l'*Inari gava* prend sa source. Les gens du pays prétendent que les cascades sont nées des grandes inondations de l'année *Kan boun* (1661), qui, ayant démoli la montagne, ont mis ces chutes d'eau à jour. L'opinion est erronée ; car les livres les plus anciens disent tous que *Nana taki* existait lors de l'arrivée de *Siō dō siō nin* à *Nikkō.* Jusqu'à

Kako ïsi kon gō (PÈLERINAGE).

Il peut y avoir de 15 à 16 *tsiō ;* on vient là en pèlerinage, la route est très-difficile et pénible ; on glisse facilement et il est de toute nécessité de faire grande attention. *Hako ïsi* est assez original, la construction est tout en pierres ; on prétend qu'il y a beaucoup de richesses enfermées ; mais on ne les montre à personne.

Karasava no yado (MAISON DE THÉ).

Au sud, sur le versant du *Niō hō*, à mi-chemin, c'est une distance de plus de 3 *ri ;* depuis *Itsi no yado :* autre station de pèlerinage ; c'est le seul endroit de la route où il y ait de l'eau ;

ı faut faire le chemin si on veut se désaltérer, et encore l'eau qu'on trouve là est-elle en fort petite quantité. Si on monte encore, il est de toute nécessité d'emporter de l'eau dans des tubes en bambous ; car jusqu'au sommet il n'y à plus une seule source.

Niō hō zan zin zia (Temple).

EN L'HONNEUR DE TAGOKORO HIMÉ NO MIKOTO.

A 8 *tsiō* de *Karasava no yado*, toujours en montant. Le chemin est très-raide, et le temple se trouve juste sur le sommet. Il n'y a même pas un *siakou* de terrain plat autour. La vue que l'on a d'en haut est splendide, mais est de temps en temps interrompue par les nuages. Quelquefois, on se trouve donc seul dans les nues, et peu d'instants après, le nuage crevant, vous laisse apercevoir des scènes ravissantes.

Man yen no Matsou (Sapin)

C'est un sapin du genre *Goyō* (à cinq feuilles). Il est très-curieux en ce qu'on ne sait où ni comment tiennent les racines ; car elles s'étendent sur une longueur considérable en dehors de terre et courrent sur les pierres et les rochers. Les branches s'étendent fort loin au dessous de la vallée, et d'un côté, elles arrivent presque à mi-chemin de l'*Akanagui*.

Akana gui zan (Montagne de).

A l'est du *Niō hō ;* on y arrive en descendant du plateau de ce dernier, et après avoir monté et descendu nombre de fois. Il y a là un petit temple en pierres. Au reste le sommet est complètement pierreux, et les plateaux de *Siakou ziō, Mikasa, Akakoura* sont couverts de roches de toute grandeur. Lors du tremblement de terre de la 3ᵉ année de *Ten oua* (1683) toutes les pierres ont été bouleversées et la montagne a pris une teinte rouge. C'est de là qu'on l'appelle *Akanagui*.

Ken no miné (Plateau de).

En descendant du temple du *Niō hō zan*, tout droit devant, on suit une route extrèmement raide, peu large, ressemblant tout à fait au dos d'une lame de sabre et bordée de deux énormes précipices. C'est ce qu'on appelle *Ken no miné* ou le plateau en forme de sabre. C'est l'endroit le plus difficile de toutes ces montagnes. Il y a là une chaîne qui sert d'appui aux pèlerins et les empêche de tomber. En continuant de marcher, tantôt de rocher en rocher, tantôt sur des branches de sapins, tantôt sur un sentier en dos d'âne, on finit par déboucher à *Sen niō zan* et *Taï siakou zan*. Bien que pour arriver là, les chemins soient abrupts et dangereux, on est largement récompensé par le vue magnifique qui se déploie devant les yeux.

Sen niō zan (MONTAGNE).

Fait suite, à l'est au *Niō hō zan* ; il y a là une pierre droite de 6 ou 7 *siakou* à laquelle est attachée une chaîne qui sert à gravir la pente. A celle-ci fait-suite le *Taï siakou zan* qui est assez semblable au *Tarō daké* ; petit *Miya* en pierres ; on voit, de ce sommet, les montagnes d'*Aïdzou* et d'*Etsigo* se profilant dans le lointain, comme les vagues de la mer. En descendant, on arrive à

Mma také (LIEU DIT).

Endroit d'arrêt pour les pèlerins. A 20 *tsiō* de là on se trouve au *Ko manago* ; petit temple sintoïste. Quand *Siō dō siō nin* est venu là pour la première fois, il y a installé un petit *Zizō bosatsou* auquel il avait donné le nom de *Ko manago daï gon guen*.

Taka no sou (LE NIZ DU FAUCON).

Entre le *O* et le *Ko manago* ; on n'y va pas généralement ; il n'y a guère que quelques voyageurs ou pèlerins très-scrupuleux qui en font l'ascension. On trouve, d'ailleurs, près de là, des maisons et des *Tsia ya* pour se reposer.

O manago (MONTAGNE).

Il se trouve à 9 *ri* du *Taka no sou* et n'est pas d'une ascension difficile. Tout à fait à la pointe se trouve le petit temple de

On také san. Près de là se trouve une statue en bronze du dieu qu'on appelle *Hi no gon guen.* Puis un peu plus bas, une autre nommée *Hakkaï san zin;* tout à fait au pied une 3e nommée *Mikasa san zin.* Elles sont d'une hauteur de 5 *siakou* en ont été donnés la 3e année de *Boun kiou* (1863) par la compagnie *Sin seï kō sia.* Cette montagne n'offre rien de spécial qu'une végétation de sapins contournés de toutes les manières.

Tsi dori gaési.

PASSAGE SUR LA MONTAGNE.

Sur le versant extérieur de l'*O manago;* c'est un passage à pic, avec un sentier très-étroit, où on ne peut marcher qu'un à un. Il y a des chaînes et des échelles de fer pour aider aux pèlerins, et réellement le passage est fort pénible. La tradition rapporte qu'autrefois, des bécasses étant venues voler jusque là n'ont pu franchir la passe et sont retournées, d'où le nom : *Tsi dori gaési* ou le retour des bécasses. Tous les ans, nombre de pèlerins font l'ascension et viennent dans ces parages malgré l'aridité du sentier.

Sidzou (MAISON DE REPOS).

Entre l'*O manago* et le *Nan taï zan,* sur la route qui conduit de *Nikkō* à *Tsiou zen zi* et à *You dono san.* Il y a là des ruines d'une ancienne construction élevée par *Siō dō siō nin* quand il vint dans ces montagnes. Il existe encore une maison qui sert aux pèlerins de lieu d'adoration et de repos pour les gens qui sont redescendus du *Nan taï* et des autres sommets. C'est une excellente attention de la part des desservants du culte que d'avoir construit cette maison.

De là on peut rejoindre le versant extérieur du *Nan taï,* aller à *Tsiou gou zi* et faire le route du *Tarō daké* dont nous avons déjà parlé plus haut.

Rō ba kakou (INSCRIPTION).

19 *tsiō* à l'ouest de *Sidzou,* à gauche de la route. C'est une statue de forme extraordinaire au dessus de laquelle se trouve un toit qui supporte un *Gakou* avec les trois signes, 老婆閣,

Rō ba kakou.—Qu'est-ce au juste : il est difficile de le savoir. Les gens du pays disent que les mères de famille viennent là mettre en offrande leur *Dzoukin* (capuchon) et leur *Hara kaké* (tablier), et prier le dieu de conserver leurs enfants en bonne santé.

Tarō zan no Sin nagui.

ROCHER DU TARŌ.

De *Mihasi* au *Tarō zan* il y a plus de 4 *ri*. Puis il y a une ascension d'une lieue ½. La pente est fort raide et il faut monter presque tout droit sur le roc lisse ; c'est tellement dangereux, qu'on ne peut regarder de côté sous peine d'avoir le vertige et de tomber. Il est donc nécessaire de se mettre presque à plat sur le roc pour avancer doucement. Peu à peu on finit par attraper des racines d'arbres et on arrive à grand peine à atteindre une pierre nommé *Bon den ïsi.*

— Les endroits les plus difficiles des montagnes de *Nikkō* sont : *Ken no miné,* sur le *Niō hō zan ; Tsi dori gaési,* sur l'*O manago ; Sin nagui,* sur le *Tarō zan ;* mais la vue est tellement splendide une fois qu'on est arrivé à ces trois sommets que celui qui n'a pas fait ces trois ascensions ne peut pas parler des beautés de *Nikkō.*

La pierre dont nous venons de parler est énorme ; elle a une hauteur de 5 ou 6 *ziō,* et se trouve au nord de *Hana bata* (le champ de fleurs). Elle ressemble à la plante grasse nommée *Siaboten,* et est assez curieuse ; il y en a d'autres, d'ailleurs, telles que *Go ma dan ïsi ; Taï naï goura ; Man dara ; Sam bom bon den,* ce qui rend unique cet endroit qui est, au reste, vraiment original.

Tarō zan zin zia (TEMPLE).

Sur un des endroits les plus agréables de la montagne ; faisant face à l'ouest.

Quand *Siō dō siō nin* vint dans ces montagnes et découvrit cet endroit, il fit construire ce temple et l'appela *Zi guen tarō daï miō zin,* et le plaça sous l'invocation de *Adzi souki taka hikoné no mikoto.* L'endroit est fort bien choisi, et on voit de tous côtés d'une façon remarquable. Au sud se dresse le *Nan taï zan ;* à l'ouest le *Sirané ;* au nord les montagnes d'*Etsigo* et d'*Ivasiro,* et on entend l'eau des cascades murmurer doucement.

Ohana bataké (LE CHAMP DE FLEURS).

Sur la route qui descend le *Tarō zan ;* il s'y trouve un *tori ï* en bronze, et, un peu au sud de ce *tori ï,* s'étend le champ en question. Sa largeur est de 3 *tsiō* de chaque côté. Vers le 7ᵉ ou le 8ᵉ mois, l'endroit est couvert de fleurs de toutes espèces et de toutes couleurs. Un plateau semblable, tout en haut d'une montagne, est assez rare ; on croirait se promener dans une prairie ; mais l'illusion cesse vite dès qu'on arrive au bout de la pelouse ; car alors le précipice apparaît effrayant.

Guetsou zan.

MONTAGNE DE LA LUNE.

Petit sommet, un peu au sud du *Hana bataké* et en haut duquel se trouve un petit temple dont le pareil fut construit à *You dono san.* On l'a appelé *Guetsou zan* on *Tsouki no yama* pour une raison que nous expliquerons tout à l'heure.

O sava (LE MARAIS).

Sur le versant nord du *Nan taï zan ;* on l'appelle aussi *Kavaïa.* D'habitude il n'y a pas la moindre goutte d'eau, et la largeur est fort variable. De 5 à 6 *ken* par endroits, elle est, dans d'autres, de 15 à 16. De loin en loin, les rives sont élevées et forment comme deux paravents de 3 à 4 *ziō* jusqu'à 5 et 6 *ziō,* au dessus desquels se dressent des arbres, ce qui rend le paysage tout à fait curieux. Les Japonais prétendent que ce paysage rend pensif et mélancolique.

You dono san (PÈLERINAGE).

A 4 *ri* et demi de *Mihasi ;* on appelle généralement cet endroit *Founa sava.* C'est à l'extrémité de *O sava,* au nord. Il y a là une petite cascade qui forme ensuite un petit lac auquel on a donné le nom de *Bonzi gava.* Cette eau ne coule pas et reste là amassée, de sorte que c'est très-profond. *You dono san* se trouve à 2 ou 3 *tsiō* plus loin que la cascade. Les pèlerins, ne pouvant y arriver, adressent leurs prières au dieu de la montagne, du haut de la cascade. Sur la descente se trouve un endroit nommé *Souna hataki* (endroit où on secoue le sable); c'est que les pèlerins changent là de sandales, pour ne pas emporter plus loin le sable qui vient de cet endroit sacré.

Dans un vieux livre sur *Nikkō*, on lit que, à l'époque de *Kan yé* 1ᵉ année (1624) *You dono san daï gon guen* a été apporté là de la province de *Ouzen*, et porté de village en village sur un brancard, jusqu'à *Daï nitsi dō*. Le prêtre chargé du temple de *Tō siō gou*, le fit transporter à *Ikouoka*; il passa ensuite à *Hosi no miya*; la même année, 11ᵉ mois, on le transporta à *Ziakkō*. La 3ᵉ année (1626) vers le milieu du 10ᵉ mois, le prêtre *Ten kaï daï sō ziō*, accompagné de 10 de ses confrères et dix disciples, fit transporter le dieu à *Tsounako zara*, puis au *Tarō daké*, et enfin à *Founa zara*, où il le laissa, et il appela la montagne *You dono san*, pour qu'elle portât le même nom que celle de *Ouzen*. C'est pour ces motifs également que les noms des endroits environnants furent aussi ceux de *Ouzen*; ainsi: *Guetsou zan, Nissin boutsou* (près du *Nan taï*); *Ara sava* (près d'*Ourami*); sont des noms de la province de *Ouzen*.

Le même grand prêtre *Ten kaï* fit élever des temples dans tous ces endroits.

CHAPITRE VIII.

Quelques explications sur les temples.

Les temples proprements dits de *Nikkō* (en dehors des tombeaux-temples de *Iyéyasou* et de *Iyémitsou* et leurs dépendances), sont au nombre de :

1? Un temple principal comprenant :

20 autres temples plus petits avec religieux prêtres ;

4   „   „   desservants ;

6   „   „   frères et domestiques ;

C'est le plus grand couvent qui existe à *Nikkō*.

2? Quatre vingt autres de moindre importance : commençon s par le premier.

Gakou tō, dit aussi *Siou gakou in*, se trouve à *Hotoké iva dani ;* c'est l'endroit où s'enseignent les livres sacrés. La porte est une porte de palais qui a été donnée en l'ère de *Kiō hō* (1716). Elle a été faite par *Mouro matsi* et c'est un travail vraiment remarquable.

Siou tō ni zioukko in ; les vingt quatre petits temples.

Il sont répartis en trois endroits dans *Hotoké iva dani; Higasi yama dani ; Naka yama dani.*

    A *Hotoké iva dani :*

Yō guen in ;	*Ké zō in ;*
Keï ziō in ;	*Hō mon in ;*
Go kō in ;	*Tō hon in ;*
I ō in ;	

    A *Higasi yama dani :*

You ziō in ;	*Nissō in ;*
Kiō ziō in ;	*Zen tsi in ;*
O hon in ;	*Nan siō in ;*
An kiou in ;	*You sin in ;*

    A *Naka yama dani :*

Ziō dō in ;	*Kouan on in ;*
Zikkiō in ;	*Kō ziou in ;*
Siō son in ;	

Rou sou ï (LA GARDE).

Le grand prêtre de *Nikkō* était chargé de la haute administration des temples d'*Ouyéno*, et habitait généralement *Yédo*. Aussi déléguait-il un lieutenant à *Nikkō*. Il choisissait généralement un homme intelligent qui lui était dévoué et ne tenait compte ni de l'âge ni des services ; tout le monde devait obéir à ses volontés ; personne ne s'avisait, au reste, d'essayer même d'y résister.

Bettō sio si ka in : les 4 temples pour desservants :

> *Daï rakou in.*   (*Tō siō gou*) ;
> *An yō in.*   (*Sin gou*) ;
> *Riou kō in.*   (*Reï ya bessio*) ;
> *Mou riō in.*   (*Daï si dō*) ;

Les quatre vingt autres temples sont :

A *Hotoké iva dani :*

Seï siou bō ;	*Kam miō bō* ;
You guen bō ;	*Yen ziō bō* ;
Guiō sim bō ;	*Kio tokou bō* ;
Siō teï bō ;	*Miō riki bō* ;
Tsou ziō bō ;	*Daï guetsu bō* ;
Riou kam bō ;	*Ziō kam bō* ;
Riou yen bō ;	*Ziō kiou bō* ;
Rin kiō bō ;	*Miō nitsi bō* ;

A *Higasi yama dani :*

Miō guetsou bō ;	*Miō kin kō* ;
Sin kiō bō ;	*Nitsi ziō bō* ;
Hon riou bō ;	*Kō heï bō* ;
Yetsou zō bō ;	*Ziō siou bō* ;
San hom bō ;	*Kiō sem bō* ;
Taï kō bō ;	*You nam bō* ;
Yeï kam bō ;	*Hō siō bō* ;
Nō kam bō ;	*Dō foukou bō* ;

A *Minami yama dani :*

Siō sem bō ;	*Hon guetsou bō* ;
Yen kam bō ;	*Ziō riō bō* ;
Ziō kou bō ;	*Tsou zioum bō* ;

<table>
<tr><td>Kō zō bō ;</td><td>Tsou siō bō ;</td></tr>
<tr><td>Nin seï bō ;</td><td>Tsiou hom bō ;</td></tr>
<tr><td>Ziō hom bō ;</td><td>Guiō zitsou bō ;</td></tr>
<tr><td>Daï go bō ;</td><td>Siou kō bō ;</td></tr>
<tr><td>Ziō you bō ;</td><td>Miō tsim bō ;</td></tr>
</table>

A Nisi yama dani :

<table>
<tr><td>Fou dō bō ;</td><td>Tsi kam bō ;</td></tr>
<tr><td>Sêki zem bō ;</td><td>Yen iou bō ;</td></tr>
<tr><td>Hō seï bō ;</td><td>Kio kam bō ;</td></tr>
<tr><td>Sim miō bō ;</td><td>Ziō foukou bō ;</td></tr>
<tr><td>Seï yem bō ;</td><td>Keï ziou bō ;</td></tr>
<tr><td>Seï ham bō ;</td><td>Han tokou bō ;</td></tr>
<tr><td>You kiō bō ;</td><td>Riou kō bō ;</td></tr>
<tr><td>Yeï nam bō ;</td><td>Yen sem bō ;</td></tr>
</table>

A Zen niō zin dani :

<table>
<tr><td>Daï rin bō ;</td><td>Kō zem bō ;</td></tr>
<tr><td>Zen kiō bō ;</td><td>Zioun kiō bō :</td></tr>
<tr><td>Zitsou zō bō ;</td><td>Boun guetsou bō ;</td></tr>
<tr><td>Ri sem bō ;</td><td>Ren siō bō :</td></tr>
<tr><td>Kiō kō bō ;</td><td>Miō hem bō ;</td></tr>
<tr><td>Sin kiō bō ;</td><td>Kin zō bō ;</td></tr>
<tr><td>Seï kakou bō ;</td><td>Hō siou bō ;</td></tr>
<tr><td>Rin siou bō ;</td><td>Dō riou bō ;</td></tr>
</table>

Les temples ci-après désignés qui, en la 4e année de Meï zi, avaient été déclarés rattachés aux temples ci-dessus, sont redevenus indépendants la 15e année de Meï zi, sur la demande de Hikosaka Kiōseï, le grand prêtre actuel.

<table>
<tr><td>Go ko in ;</td><td>Kê zō in ;</td></tr>
<tr><td>Hō mon in ;</td><td>I ō in ;</td></tr>
<tr><td>Zen tsi in ;</td><td>O hon in ;</td></tr>
<tr><td>Nan siō in ;</td><td>Ziō dō in ;</td></tr>
<tr><td>Kō ziou in ;</td><td>Siō son in ;</td></tr>
<tr><td>An yō in ;</td><td>Dō foukou bō ;</td></tr>
<tr><td>Kiō kō bō ;</td><td>Kin zō bō ;</td></tr>
</table>

Yen nen maï (DANSES SACRÉES).

Chaque année, le 2e jour du 6e mois, on installe à Sam boutsu dō un tremplain qui sert à exécuter des danses sacrées appelées

Nō. Ces danses sont curieuses à voir pour un européen, à cause des vêtements que portent les jeunes bonzes qui dansent, plutôt qu'à cause des gestes, qui n'ont rien d'expressif et nous laissent tout à fait froids. Ces danses remontent fort loin, à l'époque de *Zi guen daï si* et viennent, dit-on de Chine.

Différentes fêtes ont lieu à *Nikkō*, soit au premier mois, c'est-à-dire au nouvel an, soit au sixième mois. Celle du 6? mois est assez originale en ce sens qu'on peut y voir un simulacre des processions de l'ancien temps. Les costumes, à vrai dire, sont un peu usés et râpés, mais de loin, l'effet est fort pittoresque et on pourrait, pour un moment, se croire revenu aux temps féodaux.

Reliques au temple de Taki no ō.

Les choses vraiment remarquables, ent été laissées à *Rin ō zi*; les pierres, les sabres, les boîtes seules sont à *Taki no ō*.

Boussiari. Petites pierres supposées être des ossements de Bouddha;

> un *Kakémono* de la main de *Kō bō daï si*, représentant les caractères *Na mou miō hō ren gué kiō*;
>
> un bâton de bonze, avec anneaux, faisant sonnette (*O siakou ziō*). (Don de *Amida siō nin* la 3? année de *Ken kiou* (1192);
>
> un *Makimono* contenant l'histoire de la construction de *Taki no ō.* Ecrit par *Dō tsin sō dō*, disciple de *Siō dō siō nin*;
>
> un sabre de pierre, dans un fourreau d'or;
>
> un grand sabre;
>
> deux autres grands sabres;
>
> un masque de *Hannia* (sorte de démon), don de *Osima Tango no kami Mounémitsou* (12? année de *Ten siō*=1585);
>
> un masque fait par *Ziouzioun*; (don de *Kiohara Noriharou;* 3? année de *Yeï rokou*=1560);
>
> un livre sacré dit *Amida kiō*, écrit par l'Empereur *Fousimi*;
>
> un livre dit *Ké ziō i hon*, écrit par l'Empereur *Fousimi II*;
>
> un livre sacré dit *Fou kiō bou*, écrit par l'Empereur *Godaïgo*;
>
> une petite boîte, don de *Taïra no Soukénaga*, (la 2? année de *An teï*=1229);

un masque de *Siakkakou* (grue) enfermé dans la boîte
    précédente ;

un masque d'*Okina* (vieillard) ; également dans la boîte ;
    deux *Kakémono* représentant un *Foudō* tenant un sabre
    dans la main droite, et un dans la main gauche ; (de *Kō*
    bō daï si) ;

une statue de *Foudō*, en bois, de 2 *siakou*; (de *Kō bō daï si*) ;

une livre sacré dit : *Hannia sin kiō*, (de *Kō bō daï si*) ;

une statue de *Bisiamon* de 2 *siakou*, (de *Kō bō daï si*) ;

une statue de *San zon no Amida* (de *Yeï sin sō to*).

Ce sont là les choses principales ; la liste est trop longue pour
pouvoir énumérer tout.

Reliques du temple de Iyémitsou.

REIYA (CONSERVÉES À RIOU KŌ IN).

une sorte d'arbre enfermé dans une boîte ; on prétend qu'il a
    été pêché à *Sagami* en la 2ᵉ année de *Yempō* (1675) et
    on le nomme du corail noir ;

une boîte à thé (*Ounzan*) enfermée dans un sac de soie ;

une boîte à thé *Yatsousiro* ;

une branche de corail ;

une espèce de pierre précieuse dite *Daï hakou Séki heï* ;

une boucle en jade jaune ;

Quelques pièces d'ivoire servant à un jeu japonais et fort bien
travaillées ;

une lettre de *Go midzouno o tennō*, et divers écrits de princes
    ou d'empereurs.

L'armure du 2ᵉ *Siōgoun* ;

un casque ;

huit nattes dites *Hana mousiro*, d'un travail très-fin ;

une pendule ;

un chapelet ;

une dent d'espadon ;

une boîte à parfums en laque rouge ;

une boîte servant à renfermer des livres sacrés ;

des statuettes en pierre tendre ;

des statuettes en bambous ;

une boîte à parfums en or ;

un plateau à servir le thé, en argent ;

une petite boîte en verre, présent des Hollandais ;

un *Maki mono* de *Kō bō daï si ;*

un *Maki mono* représentant la mort de Bouddha ;

plus de vingt *Kaké monos* représentant des Bouddha, et une foule d'autres choses précieuses que nous ne citerons pas ici.

Reliques de Ziakkō.

Ce qui est sintoïste est conservé au temple de *Fouta hara.* Ce qui est Bouddhiste, au temple de *Rin ō zi :*

une grande boîte en contenant 12 petites ;

un petit sabre de *Noboukoumi ;*

5 ou 6 miroirs ;

une navette de tisserand ;

des instruments de toilette pour femmes ;

trois *Magatamas ;*

un livre sacré du *Hokké kiō ;*

un livre sacré d'*Amida kiō ;*

une canne porte-clochettes ;

un vieux vêtement des âges passés ;

Un livre du prince *Kō ben sinnō,* illustré par *Kano Tsouné-nobou.* Ce récit est fort curieux : c'est l'histoire d'un bonze dont le roi des enfers se sert pour faire voir aux humains les supplices qui les attendent s'ils ne se conduisent pas bien, et il les engage à se corriger et à devenir bons.

Objets restés à l'ancien *Bessiō* de *Tsiou zen zi :*

une pancarte en bois, souvenir de la construction d'une
pagode. Elle est ainsi conçue : à la mémoire de
Fouzivara Kounitsouna, sa femme et ses enfants; et de
Kaguétsouna niou dō, sa femme et ses enfants ; qui
ont vécu

sous le 84ᵉ règne terrestre ; Empereur *Zioun tokou ;* et à la
mémoire de
Mouné tsouna niou dō, sa femme et ses enfants ;
Tsika tsouna niou dō, sa femme et ses enfants ;

人王八十四代

順德天皇御宇

源寶朝公御代

征夷大將軍

奉建立一間二面御殿一宇

建保五丁丑年四月十八日

同 六戊寅年七月十九日

結緣衆左衞門尉藤原朝政

藤原國綱妻子

景綱入道妻子

宗綱入道妻子

親綱入道妻子

藤原有房妻子

鎮守之地頭

Inscription de la pancarte du *Bessio* de *Tsiou zen zi*.

Ḱeï (instrument de temple) laissé à *Tsiou zen zi*.

Fouzivara Arifousa, sa femme et ses enfants ; qui ont vécu

sous le Gouvernement du *Siōgoun Minamoto no Sanétomo ;* ce temple est élevé par moi.

Kem pō, 5ᵉ année (1218), 4ᵉ mois, 18ᵉ jour, *Ousi no tosi,* etc.

(L.S.) *Sayé mon no ziō, Fouzivara no Tomomasa.*

Il était d'usage, autrefois, d'écrire une pancarte semblable chaque fois que l'on faisait construire un temple, en les ères de *Hō yen* (1135–1140) ; *Kiou ziou* (1154–1155) ; *Yéi réki* (1160) ; *Boun zi* (1185–1189) ; *Ken kiou* (1190–1198).

— Un *Kéï,* instrument de métal, sorte de cloche plate servant aux cérémonies Bouddhiques ;

Sur la face externe se lit un gros caractère sanscrit, en haut, et des caractères canoniques ;

Sur la face interne :

offert à *Nan taï gon quen,* 5ᵉ année de *Kem pō* (1218) par *Kon go boussi ziō tsi bō,* âgé de 63 ans.

Fondu par *Fouzivara no Kanénori.*

Hasiri daï kokou kéï zō.

IMAGE DE DAÏ KOKOU.

Se trouve actuellement dans le temple intérieur de *Ziō guiō dō.*

Les livres anciens rapportent qu'autrefois, dans les montagnes de *Nikkō,* habitait un bonze nommé *Ziō gué bō.* Quand il fut chargé du temple de *Tsiou zen zi,* il vit, tous les ans à l'automne, un rat apporter du millet et l'offrir au dieu. Le bonze était fort intrigué, car il n'y avait pas de millet dans les montagnes, et il se demandait d'où le rat pouvait tirer ses provisions. Aussi, pour s'assurer de la chose, il prit un jour le rat et lui attachant un fil à la patte, il put se rendre compte des démarches de son prisonnier. Ce dernier le conduisit ainsi dans un village au pied des montagnes. Ce village, plus tard, devint une dépendance du temple, sous le nom d'*Asio* (*asi* = pied *o* = queue) qui lui fut donné par le prêtre. De cette époque on rendit hommage aux rats et à leur patron *Daï kokou ten,* qui a pour marque distinctive le signe du zodiaque le rat.

Le bonze fit un dessin de *Daï kokou* sur des petits papiers qu'il distribua à la foule des croyants, et le dieu étant représenté dans l'attitude de quelqu'un qui court, on l'appela *Hasiri daï kokou.*

— On voit aussi deux *Kamas* (grandes marmites) dont l'une a 4 *siakou* de diamètre et une hauteur de 7 à 8 *soun.* Dans l'intérieur se trouvent les caractères *Siō zioun Amida boutsou. Teï oua* 2ᵉ année (1347).

L'autre est un peu plus grande ; on y lit, offert à *Txiou zen zi, Nikkō,* province de *Simodzouké,* par *Fouzivara no ason Siami Tokeï,* de *Sa kouan,* province de *Ziō siou.*

O yeï 3ᵉ année (1396).

Ces marmites sont naturellement aujourd'hui fêlées et rouillées.

Vieille cloche.

C'est une cloche refondue la 9ᵉ année de *Boun koua,* (1813), après l'incendie qui détruisit une partie du temple la 8ᵉ année de la même ère. On y lit l'inscription suivante composée par le grand prêtre *Riō oun sia mon siō sen :*

Offert à *Gon gouen,* à *Nikkō,* une cloche en métal. Celui qui a offert cette cloche, *Fouzivara no Masatsouna,* demande au ciel que sa mère et ses enfants, toute sa famille, se porte bien, vive longtemps et ait toutes sortes de prospérités.

3ᵉ année de *Kempō* (1218) ; 3ᵉ mois, 22ᵉ jour.

(L.S.) *Sayémon no ziō Fouzivara no Masatsouna.*

Ancienne inscription sur pierre; se trouvait autrefois près du *Tori ï,* mais a été transporté à *Man gan zi,* lors de l'ère de *Meï zi.* — L'inscription a été composée par *Kō bō daï si.* C'est l'histoire des pérégrinations de *Siō dō siō nin* dans les montagnes. Comme elle est très-vieille on a de la difficulté à lire les caractères, qui ont été éraillés par le temps. L'année de *Hō yeï* (1704), le prince *Zasiou Kōben* avait eu l'idée de la refaire en entier, et, de façon que le temps ne put put rien effacer, fit retracer toute l'inscription sur métal et recouvrit la pierre. De sorte qu'il est très-facile maintenant de voir ce qui a été écrit. Sur la face postérieure le prince-prêtre a écrit quelques mots expliquant ce

日光山權現御寶前　奉施入鑄金一口事

右志者爲左衞門尉藤原政綱北方藤原氏幷所生愛子等

御息災延命恒受快樂心中所念決定成就也

建保三年丙子三月廿二日　願主左衞門尉藤原政綱　當上人覺音坊

Inscription sur la vieille cloche de Tsiou zen zi.

重建勝道上人補陀洛山碑記

人籍靈境以進道境因勝人而彰名如補陀山亦徵哉勝道上

人創窮其頂精練功成弘法大師揮天縱才文之詳矣於是世

人昭々知其爲名山也其文則載性靈集傳到于今而其碑則

歷年遐邈掃也不存鳴呼廢而不興非人情也近者余鼎樹貞

珉刊其文爲庶乎使臨者讀雄文以審靈境知靈誠爲進道之

緣矣然則此舉豈曰無所係乎世有高談淨心蔑視山水者不

亦謬哉因題碑陰聊紀歲月云

寶永二年歲次乙酉三月

前天台座主一品公辨親王識

Ancienne inscription faite par le prince-prêtre *Kō ben sinnō*.

qu'il a fait, et donnant les raisons qui l'ont décidé à mettre sur l'inscription cette enveloppe protectrice en métal.

Le feu perpétuel.

Ce feu a été allumé lors de l'installation du *Bessio* et du temple de *Tsiou zen zi*, et depuis ce moment, n'a pas été, dit-on, éteint une seule fois. On y remet constamment des matériaux pour l'entretenir et un gardien spécial est changé de l'empêcher de s'éteindre. Les habitants du village, quand ils ont besoin de feu, viennent toujours en prendre au feu sacré.

Les huit vues de Nikkō.

Le Prince *Daï meï in no miya*, prêtre *Kō ben hō*, ayant fait une étude approfondie des endroits les plus remarquables de *Nikkō*, fit choix de huit, qu'il trouva plus beaux que tous les autres, et fit sur chacun d'eux, une pièce de vers. C'est de cette époque que datent les huit merveilles de *Nikkō*. Les voici :

1° Matinée de printemps à *Ogoura yama* ;
2° Vue de la fumée s'élevant au dessus des toits de *Hatsi isi matsi* ;
3° La pluie tombant sur l'allée de *Gamman* ;
4° La cascade de *Ziakkō* ;
5° La lune d'automne sur le *Daï ya gava* ;
6° Les érables de *Naki mousi yama*, en automne ;
7° Un coucher de soleil sur *Yama sougué* ;
8° La neige tombant sur le *Kouro kami yama*, par un soleil brillant.

CHAPITRE IX.

Faune de Nikkō.

On trouve dans les montagnes de *Nikkō* des aminaux un peu différents de ceux des plaines de *Tokio* et des bords de la mer en général.

L'ours, le loup, le sanglier s'y rencontrent avec le singe, la martre, le cerf, le chamois.

Comme oiseaux ; une espèce spéciale dite *Iva tsoubamé*, ou hirondelle de rochers, se remontre sur le *Nan taï* et le *Niŭ hŏ zan ;* l'oiseau rouge (*Ikarou*) ; le *Yamadori*, sorte de faisan cuivré, s'y trouvent en abondance.

La truite et la truite saumonée habitent le torrent et le lac de *Tsiou zen zi*.

Flore de Nikkō.

Sougui ou cryptoméria. Sapin. Sapin de Chine. *Hinoki* (Retinispora obtusa). *Kéyaki* (Planeca Japonica). *Momi* (Abies firma). Cerisier. Châtaignier. Chêne vert. Magnolia. Mélèze. *Araraki* (Taxus cuspidata). *Mayoumi* (Evoynmus Thunbergiana). *Sahara* (Thuyopisis dolabrata). Hêtre. Mûrier sauvage. Noisetier, à peu près la même espèce que l'on trouve en Europe). Merisier. Azalée. Il existe une quantité considérable d'orchidées, de plantes de roches, et l'été la végétation offre une variété de plantes de toute sorte.

Distances comptées à partir de Mihasi,
OU DU PONT ROUGE.

À   *Tŏ siŏ gou.*   7 *tsiŏ ;*
    Fouta hara zin zia   9 „
    Iyémitsou   11 „
    Taki no ŏ sia   18 „ 50 ;
    Kiri fouri   1 *ri* 15 *tsiŏ ;*
    Gamman ga foutsi   15 *tsiŏ ;*
    Ziakkŏ   1 *ri ;*
    Ourami   1 *ri* 12 *tsiŏ ;*
    Kio taki moura   1 *ri* 14 „
    Tsiou zen zi   3 *ri* 12 „
    Tsiou zen zi on sen   5 *ri* 15 „
    Kava mata   9 *ri*
    You dono san   4 *ri* 15 „
    Oso moura   2 *ri*
    Asio   6 *ri*
    Kŏ sin zan   9 *ri* 15 „
    Kobou ga hara   6 *ri* 16 „

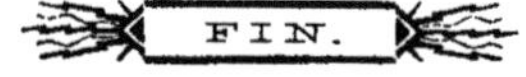